INK
文學叢書
249

母親的六十年洋裁歲月

鄭鴻生◎著

獻給母親及那一時代打拚的女性

楔子

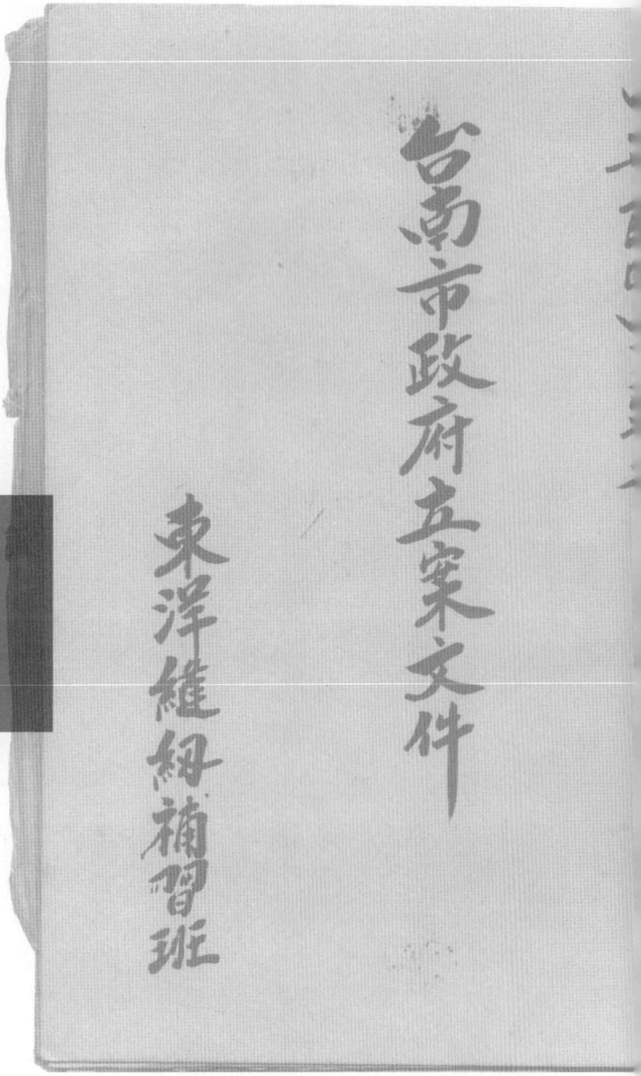

母親從一九三〇年代到一九九〇年代這六十年的洋裁歲月，
正是台灣女性在現代化潮流下，學習自己裁製洋裝的整個興衰過程，
也是在政治變動、經濟發展與城鄉變貌中，如何在服飾打扮上自我實現的歷史。

一九九四年春天，虛歲七十七的母親終於退休，她把在台南經營了四十一年，總共一百二十五屆學生的「東洋縫紉補習班」收了起來。母親退休並非完全因爲體力不繼，另一個原因是學生人數在那幾年急遽減少，以致難以維持。

從少女時代開始就喜歡裁裁剪剪的母親，在一九三六年她十九歲時應徵到台南新闢的末廣町大街上，一家日本人開的日吉屋洋裝店當洋裁學徒。在那之前她在家裡照著婦女雜誌上的洋裁圖版，自己摸索學會裁製洋裝也有兩三年時光。可以說從她十六、七歲開始接觸洋裁，到退休爲止是足足一個甲子的洋裁生涯。

從一九三〇年代開始，洋裝成了台灣女性的尋常服飾與時尚，尤其是都會區接受了公學校起碼小學教育的年輕女性。從那時起傳統的女紅式微，很多年

輕女子開始到傳授洋裁的地方去學習現代洋裝的裁製技藝，包括到洋裝店或街坊洋裁師傅那裡去當學徒，或者像母親那樣開始照著婦女雜誌上的洋裝圖樣自己摸索。

接著就有了開班授徒的洋裁學校，這些當然都在正式教育體制之外。光復之後這些體制外的洋裁教室被收編在社會補習教育的大項目下，叫作縫紉補習班。隨著光復之後經濟的復甦與發展，尤其是紡織業的興盛，從一九五〇年代以降，台灣女性興起了為打扮自己而裁製新裝的熱潮，這固然一方面是因為市面上有著充足而多樣的布料，另一方面也有著台灣女性自我實現的一個時代條件，裁縫作為一般女性必備的，以前稱做女紅的基本手藝，如今繼續在發揮作用。一九五三年母親在台南開辦東洋縫紉補習班，學生很快多了起來，教室不斷擴充，並在一九七〇年代隨著台灣紡織相關產業的達於鼎盛而走上了最高峰。（圖1～圖5）

縫紉補習班的盛況在一九八〇年代之後由盛而衰，因為台灣女性大量穿起成衣來了。這時不論穿的是大眾品牌還是昂貴名牌，她們已經不再自己動手裁製新裝，也很少到街坊的裁縫師那裡去訂做，而是直接到百貨公司去購買。

1

2

3

1：一九三七年元旦母親來到台南末廣町上的日吉屋洋裝店拜年，她才當洋裁學徒不久。

2：一九四〇年代中期母親開始在家裡開班授徒，這是一九四六年戰後荒涼歲月的一批學徒生。

3：一九五〇年代母親的縫紉補習班正式在台南開辦初期的一畢業班，這時台灣政治局面穩定下來，經濟也已復甦，職業婦女開始在夜間來學習另一技藝。

4：一九六〇年代學習洋裁的學生已開始受到全球時尚風潮的影響，圖為一九六九年十月流行迷你裙時的一張畢業照，旗袍則尚未退流行。

5：一九七〇年代是個變化的年代，圖為一九七三年六月縫紉補習班高峰期的一班畢業生，學生的衣裝與神態都有了不小的變化。

6：一九八〇年代開始有傻瓜相機，補習班的學生也不再作興正式的畢業合照。

7：一九九〇年代母親的縫紉補習班接近尾聲，學生人數急遽下降，師生間卻較為輕鬆隨意，比出V指的勝利姿勢也開始流行。母親參加了這個一九九〇年二月第一一三屆夜間班同學的畢業餐會。

一九九〇年代之後不僅縫紉補習班學生人數大減，街上的裁縫師傅也漸漸屈指可數。與此同時，原來作爲台灣出口主力的紡織業，也被新興的電子與資訊產業所取代了。

母親從一九三〇年代到一九九〇年代這六十年的洋裁歲月，正是台灣女性在現代化潮流下，學習自己裁製洋裝的整個興衰過程，也是在政治變動、經濟發展與城鄉變貌中，如何在服飾打扮上自我實現的歷史。

美感與體面的執著

在母親的觀念裡，出國在外不能丟同胞的臉，服飾與打扮都要符合起碼的體面。後來就算忙於鼎盛期的縫紉補習班教學之餘，還是遠隔重洋時時叨念著。

我們在一九七五年出國時正值縫紉補習班的高峰，母親在百忙中爲心目中的媳婦趕製了幾套洋裝。其實自從幾年前她們初次見面之後，母親就把宛文當成自己的女兒來打扮，馬上量了她的尺寸，開始幫她做衣服，也算是在幫兒子的忙。母親只養育兩個男孩，這是不小的遺憾，既無人可繼承衣缽，也沒能有為女兒打扮的機會。如今出現了這麼一位可能的媳婦，母親顯得比兒子還積極，出國前我還在部隊尚未退伍時，母親為了裁製宛文的時裝，還曾將洋裝圖樣寄來徵詢我的意見（圖10），並矚我轉寄給在台北的宛文作最後確認。如此她在出國的行囊裡，就有了幾套足以應付各種場合的適當服裝，讓母親覺得安心了。

我們初到美國當研究生，那時美國大學校園剛歷經一九六〇年代的叛逆與解放風潮，師生的服飾極為隨意。然而在母親的觀念裡，出國在外不能丟同胞的臉，服飾與打扮都要符合起碼的體面。其實從一九六〇年代台灣的出國留學潮開始，就經常有親友帶著即將出國的女兒或媳婦來找母親幫忙備辦出國時裝。因此當我們準備出國時，母親也就順理成章地為宛文準備了幾套。此外她在行囊裡還帶了一件繡著粉紅與淡藍小花的白紗晚禮服，那是前一年她大哥結婚時，母親為她裁製的伴娘裝。這件繡花白紗禮服後來就成了我們在美國公證結婚時的結婚禮服（圖8&圖9）。

數年後我們離開學校踏入美國社會，母親還是不忘為媳婦裁製新裝。她要

8＆9：一九八〇年我們在加州州政府公證結婚時，母親裁製的一件洋裝（左圖）派上了用場。而那件繡著粉紅淡藍小花的白紗晚禮服，也適時權充婚紗禮服，照了這張相片（右圖）寄回台灣，讓母親不失體面。

我們寄回身材尺寸，雖然度量上不夠精確，也沒有試衣的機會，她憑著印象和寄回的尺寸來縫製，寄來了數件連衣裙裝與套裝。一九八一年宛文就穿著母親寄來的套裝飛到美國東岸，去爲她的第一個教職工作接受面試（圖11）。而我們在一九八〇年秋天結婚時也就靠著這些新裝，包括出國時帶著的那件晚禮服，沒讓母親覺得有失體面了。後來母親參加美西觀光團來美國西岸遊覽，並順道探望我們，也不忘帶來幾套新裝給媳婦（圖12）。可以說，在我們羈留美國的十多年中，母親在忙於鼎盛期的縫紉補習班教學之餘，還是遠隔重洋時時叨念著我們是否穿著體面。

在我們於一九八八年回到台灣後，母親雖已年過七十，還未退休，繼續經營著補習班，也繼續爲她的媳婦製裝打扮。這時從她少女時代開始對裁縫著迷算起，已過了五十多年，人需要穿著得體的觀念已是深植於心。因此她看到剛回鄉的我們夫婦倆，還帶著美國電腦界與學界隨意穿著的習性，當然是深深不以爲然。還好我們雖然定居北部，但南北往返方便，母親也就更能大展身手，在每次來台北的機會就帶來幾件洋裝（圖13）。這時她已不親手縫製，只是設計選樣與確定尺寸，然後交給裁縫師裁製了。她給媳婦的每件衣服也都記得清清

10 & 11：母親為了幫媳婦做新衣，總會寄洋裝圖樣來徵詢我意見。右圖為她在一九七五年寄給在綠島服役的我的洋裝圖樣，我貼在信紙背後轉寄到台北。左圖是宛文一九八一年在應徵北美洲的大學教職時，母親依樣畫葫蘆，寄來幾件套裝應急，這是其中一套，拍攝時未穿上外套。

12：一九八二年母親參加美西旅遊團，順道探望我們，圖為舊金山漁人碼頭。

13：一九九〇年三月母親穿著新裝來到台北，並帶一件不同色調的同樣款式來給媳婦。那時恰逢政治變局，我帶著沒太多政治意識的母親來到廣場留影。

楚楚，不時會問起某件洋裝是否還在穿，或說某件外套已經過時不應再穿了。

母親爲她媳婦製裝的情況，直到一九九〇年代末期她年過八十之後才停止。這時補習班已經收起來了，她不用像以往那樣，必須不斷爲自己裁製新裝，以便在每天的教學時間盛裝以對學生。在無須多爲自己裁製新衣後，她雖然也開始購買一些休閒成衣，在出門散步運動時隨意穿著，但在必要場合還是一定愼重以對，爲此她保留了一些喜歡的舊洋裝。

其實母親在長久作爲一個洋裁老師的日子，竟是不保留太多衣裝的，在一段時間內就只有適應當季的幾套。這一方面是由於台灣居家空間狹小，不可能有太大的衣櫥來擺放，另一方面則是基於她的穿衣哲學，即是參照時尚、經常汰換、選擇單純，而不占空間。除了一些禮服和特別鍾愛的之外，她不太保留舊衣服。每一季她會爲自己設計裁製幾套時尚新裝，在那一季就輪流換穿，而將舊的分送諸親友。因此她的服裝經常更新，一個時期內存貨不多，也就不需要大衣櫃。母親是個乾脆的人，她在布莊選布也不拖泥帶水，看到中意的即刻買下，而不會到處詢價講價，時間對她而言更爲寶貴。因此在她四十年忙碌的洋裁教學生涯中，在爲自己穿著做決定時都十分乾脆。

母親退休前後那幾年，家裡請了一位關廟來的歐巴桑幫忙燒飯與打掃，她只有過午才來，打點到吃過晚飯，這時早已沒有農村女孩會住進都市人家裡當全天候幫傭了。這位歐巴桑年紀比母親小不少，看到母親平常就把自己打扮得整齊體面，每每就很不解地表示「哪有人那麼愛嫷？」母親在已經不需要職業性地打扮自己之後，對美感與體面仍然十分執著。然而愛美這件事在台灣從傳統到現代的蛻變中，似乎已經被丟掉了。如今說人「愛美」多不是讚許之意，這壓力也會來自周遭親人。母親回憶說，她曾有過一件日本毛大衣，表布是深藍毛料，內裡則是灰色毛料，正反面都可以穿，有個敞立的領子，式樣與色調皆高雅大方，穿起來十分出眾。然而有次與父親出門應酬時穿上它，父親卻覺得她穿得太美而拒絕同行，迫使她另換一件較不突出的。後來她乾脆將這件大衣給了媳婦，多年後還念念不忘問起這件衣服來。

流行風格與時代女性

母親並非完全侷限在日式洋裝風格裡。
光復後，她自己摸索出各種改良式旗袍樣式，
尤其最難的那種緊身型的量身法與裁剪法，納入了她腦中的服裝資料庫裡。

美感與體面的標準隨時代而變化。成長於一九三〇年代，受到日本式現代化啓蒙的母親，她的美感與體面也就帶著那時代的日本風格。這不只包括七十多年來她的洋裝典範是來自日本的服裝雜誌，化妝也是日本式的，基本上成了她們那一代台灣女性的服飾風格。

台灣在二次戰後的全球冷戰體制下，被納入了美國影響下的全球性流行風潮的範圍，女性服飾更是首當其衝。然而母親在這幾十年所用的服裝圖書，雖偶爾會出現美國來的，大半還是來自日本，如《裝苑》、《貴夫人》等服裝雜誌（圖14）。這當然有著母親只能讀懂日文這一因素，但當時日本流行服飾其實也受到戰後歐美文化的籠罩，只是被修飾改造得較適合東方女性，有若東西方之間的緩衝。從一開始，日本就在歐美爲首的全球化影響下，很適當地擔任了

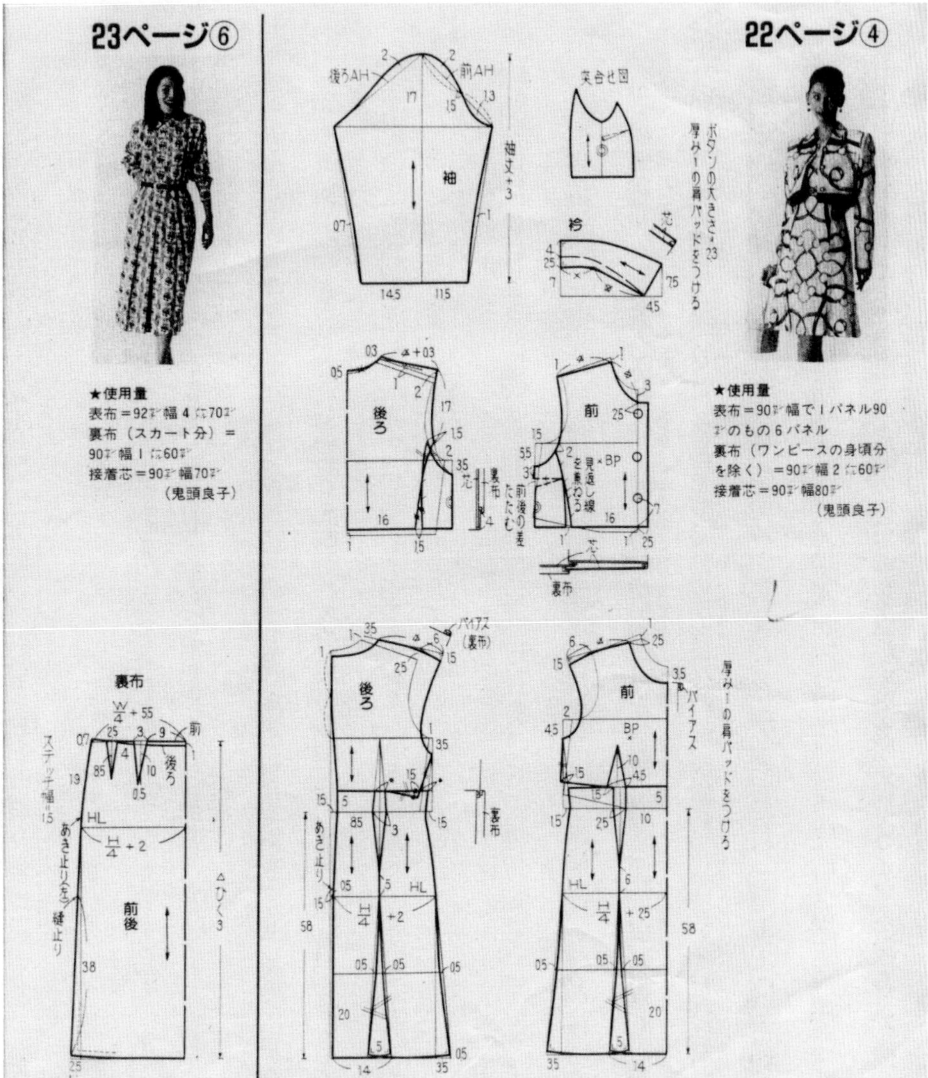

14：解說詳盡的日文時裝雜誌內頁，是母親從事洋裁工作的主要參照。

歐美與東亞地區之間的中介角色，從這一時期台灣一般女性以日本服裝雜誌爲洋裝範本可見一斑。

我記得在那沒有外文書店的一九六〇年代的台南，每個月總會有一個瘦削的中年男子，騎著一輛載著滿袋日文圖書的腳踏車來送書。他來到時總會在門口用日語大喊一聲「校長先生」來呼叫母親，然後將該月份的幾本日文時裝雜誌，再加上一本日文版《讀者文摘》交給母親。這些日文時裝雜誌總是讓好奇的我先睹爲快，雖然看不懂日文，但其中漂亮衣服的圖片卻是超越語言之隔的。

這位賣日文書的男子如此尊稱母親爲校長先生，雖讓母親感到不好意思，卻有他的道理。除了因爲母親去過東京學過洋裁之外，她的洋裁技藝在台南那個環境裡也公認是首屈一指。曾有一位賣洋裁工具的商家來向母親提起，說他到另一家補習班送貨時，那家老師認爲賣尺的商販應該也懂些洋裁技藝，竟問起他一種洋裁製圖計算尺的用法。只管賣尺的他回應說「這要去問東洋的老師」，如此回答卻讓這位老師不悅地說：「我是高女畢業的，還需要去問一個小學畢業的嗎？」這事件竟讓他對母親佩服不已而來轉述。母親只有日據時代公學校的學歷，但透過自學的日文，也讀通了日文雜誌與小說，成了她接觸現代知識的主要管道。

母親透過書販送來的日本時裝雜誌，得以知道流行服飾的趨向。而且日本的時裝雜誌對每套新裝的變化花樣與裁剪方式都有詳細的說明，很容易就可馬上引用。後來資訊更爲開放，不論報刊還是電視都開始傳入大量歐美高級時裝走秀的影像時，母親並不爲所動。她基本上就固守在常民婦女服裝可及的領域，並且把這套技藝與美感觀念傳布給眾多的南台灣女性（圖15）。

然而母親也並非完全侷限在日式洋裝風格裡。光復之後，民國的改良式旗袍開始流行，她也自己摸索出各種旗袍樣式，尤其最難的那種緊身型的量身法與裁剪法，而納入了她腦中的服裝資料庫裡，並在以後成爲洋裁課程的一部分。在旗袍的影響下，各種中國風的領子與袖子的變化也都成爲她的教學範圍。此外，一九五〇年代以來的全球性服飾風潮透過各種管道滲入台灣，六〇年代風行的迷你裙、迷膝裙與喇叭褲，在母親的洋裁課程中自是不能免俗。

因此在二十世紀五〇年代以降這三、四十年間，不少台灣女性在時代條件的配合下，爭相學得裁縫手藝爲自己縫製多采多姿、花樣萬千的衣裳，確是充

15：一九五〇年代的縫紉補習班教室製圖課一景。母親講解時，助教幫忙在黑板上畫圖。學習製作各種服裝的原型，是洋裁學生的基本功課。

滿了這個時代女性創作實踐與自我表現的意義，大不同於如今逛百貨公司隨興而買的行為。時代如此變動，母親就在與洋裁手藝為伍的六十年後，在成衣與名牌服飾充斥市面、而洋裁不再是台灣女性的必備手藝時，結束了洋裁事業。洋裁這項常民手藝在台灣的興衰，幾乎就是母親從年輕當學徒起，到年老從洋裁老師的位子上退休的過程。如今風華歲月雖已不再，這六十年還是一個值得細細回顧與追索的時代。

第一章

啓蒙時光（1931~1936）

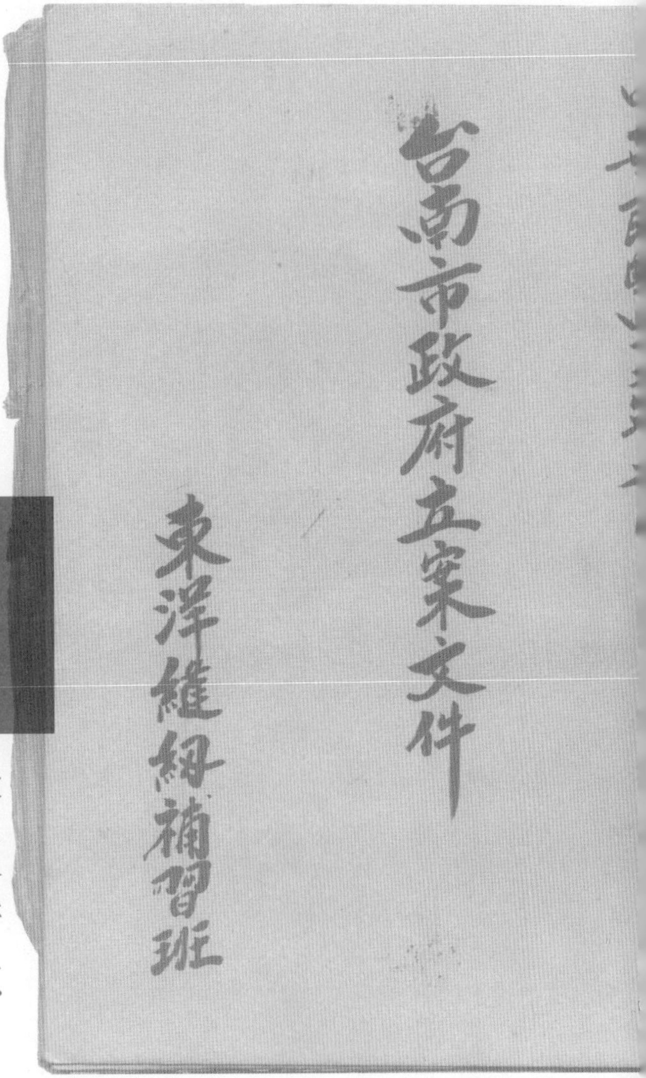

三舅白紗婚禮的衝擊

三舅晚年回憶起自己的西式婚禮時還十分得意：「在傳統舊社會裡，當日新娘所著服飾是最摩登的，一時轟動了整個台南市。」可說那時是家族中最有為、最新潮的後生子弟。

我們稱呼三舅的母親堂哥，大母親十來歲，他於一九三一年結婚時，在台南市舉行了一次轟動台南傳統社區的西式白紗結婚典禮（圖1），連喜宴也不在老家祠堂裡，而設在新潮歐風的公會堂（圖2）。

那時西式婚禮在台南的名門望族中其實已經行之有年，他們在一九二〇年代的婚禮多有留下新郎身穿「日間禮服」（morning coat，一種前襟短、下襬斜分而背長幾乎及膝的西式上身禮服，當時日語稱作モーニング「摩令古」），而新娘則穿上婚紗禮服的結婚照。在一張一九二六年台南名醫韓石泉在公會堂的婚照上時，新娘裝已是十分西式。韓石泉是當年文化協會的積極分子，也是長老教徒。在另一張不早於一九二七年台南固園黃家女兒黃灼華出嫁時的結婚照上（圖3），我們更看到新娘已經披上全身的白色婚紗。他們的西式

1：一九三一年傳統家族出身的三舅在台南公會堂舉行白紗禮服現代婚禮，轟動五條港傳統社區。

2：整修後的台南市公會堂今貌，七、八十年來曾經是新潮的市民用來舉辦結婚典禮、音樂會、遊藝會等的場所。

3：一九二七年（或稍後年月）台南固園黃家女兒黃灼華和楊必得結婚照，黃灼華全身穿著白色婚紗禮服，是台南望族較早引領風氣之先者。（黃天橫先生提供）

婚禮代表著當時社會菁英的潮流，但是一般傳統家族則未如此前衛。因此三舅晚年回憶起他自己的這椿西式婚禮時還十分得意，他曾寫道「在傳統的舊社會裡，當日新娘所著服飾是最摩登的，一時轟動了整個台南市」。三舅那時從總督府高等商業學校（台大法學院商學系前身）畢業，進入公賣局的前身專賣局工作沒幾年，可說是家族中最有爲、最新潮的後生子弟，會有如此突破之舉也不奇特。

在這張三舅的結婚照上，新郎與四個伴郎全著西式禮服不在話下，三舅身穿「摩令古」並繫上白色蝴蝶領結，這在當時的台灣新潮男性已屬尋常。而在家族與街坊引發風潮的卻是新娘的白紗禮服，女性的服裝變化在現代化的風潮下確實比男性緩慢，然而同是出身傳統家族的三妗卻是個引領風尚的現代女性。母親回憶說三妗的白紗禮服對他們家族的年輕女性是個極大的衝擊，成了她們家族裡與鄰里間少女們欣羨的對象。一九三〇年代之初，台南女性的服裝正處在傳統與現代的轉換之中，從照片上我們還可看出一些端倪。三妗是身穿全套西式白紗禮服，腳蹬高跟鞋了，然而她的四個伴娘所穿的看似西化的洋裝，其實還帶著轉型中的傳統服裝味道，仔細觀察可以看出她們所穿禮服的肩部還是從領子到袖口一片布的傳統唐裝裁法，只是給人整體感是偏向洋裝了。

這場在台南公會堂舉行的家族世紀婚禮由我外公主持。在那困乏年代的這個四代同堂總共十一房的家族裡，外公雖排行第七，但他前面的六位兄長全都不在了，包括排行老二的三舅的父親，於是外公就成了那一輩年紀最大的。他與八叔公兩位族長級人物在這場現代婚禮中穿的卻是傳統的禮服——長袍馬褂，沒接受過日本殖民教育的他們，由此展現出服裝上的保守性。

然而他們的下一代卻要開始作起新潮打扮了。母親說她當年十四歲，爲了參加這場盛大婚禮，家人爲她訂做了一套新衣服，而且還是她的第一套成人衣服。她回憶說，當看到這第一套成人新衣時卻十分懊惱，覺得很土。雖然那已經是件改造過的傳統服裝，母親稱爲「改良的台灣衫」，但相較於三舅婚禮上那四個伴娘身上也是改良但已很接近洋裝的新衣，母親家人爲她裁製的應是還充滿傳統唐裝味道的。母親家人顯然比較保守，沒有她三舅與三妗那樣新潮。在那年代帶著保守品味的這種改良台灣衫，會被母親家族裡的姊妹們覺得很土，而三舅三妗的新潮服飾則是被稱羨的榜樣，應該是很可想像的。

母親這時其實還未滿十三歲，但他們那輩人都還堅持用虛歲的算法，出生就算一歲，每過一個舊曆年加一歲，因此會比實歲算法多一或二歲。相對於日據時期引進的西曆及其歲數算法，他們稱這種傳統算法叫「台灣歲」。母親就用這種算法，清楚記著什麼事情發生在她幾歲的時候。如此三舅三妗的現代白紗婚禮，就讓她清楚記得是在十四歲那一年。

洋裝的吸引力

原來作為女孩子必須從小學習的傳統女紅手藝開始式微了。上過日本殖民時代公學校的台灣少女，穿過半土半洋的改良台灣衫之後，她們企盼著穿上洋裝，想學會的則是洋裁——洋裝的裁縫。

在受到文化啓蒙風潮影響下的台灣一九二〇年代，都會年輕女性開始在傳統台灣衫上變化花樣。母親出生於台南五條港一帶的傳統家族，在這張拍攝於一九二三年母親五歲時的家族照裡（圖4），壯年一輩的成年男性不同於上了年紀還穿著傳統唐裝的老一輩，多已穿起西式服裝，年輕男生也全都不穿台灣衫

4：在一九二三年的施順興堂家族照裡，女性無論老幼皆著傳統台灣衫，坐在前排最左的母親與同一排的堂妹們也都如此。後排左一即是穿著新式制服、還在上學的三舅。

了。然而台灣傳統家族畢竟是較保守的，所有成人女性都還是穿著傳統台灣衫，坐在最前頭地上的三位新生代小女生，母親（左一）和她的兩個堂妹（左二與右一），也都穿著傳統童裝。那時母親的這個傳統家族尚未分家，還顯現著較爲保守的家風。然而在同一年代的其他老照片裡，我們不難找到年輕女性開始改變服飾的身影，譬如在一張台南固園黃家的一九二七年合照裡（圖5），我們可以看到其中較年輕的成年女性已穿上改良台灣衫或西式校服了。

母親回憶說，在一九二〇年代末她讀明治公學校時，大家穿的都還是呆板的校服，介於傳統台灣衫與洋裝之間，算是某種改良台灣衫，這從同一時期的一張新竹女子公學校學生合照裡可以看到（圖6）。她記得很清楚，當時全校就只有一位女生不穿校服，從來就是穿著小洋裝來上學，令她欣羨不已。那位女生即是台南長老教會高長家族中，開設再生堂醫院的三子高再得醫師的女兒高碧華。母親與她同班，記得她長得很美，天天穿著漂亮小洋裝上學。母親曾到她家去玩，那時再生堂位於石像圓環旁邊，現在的青年路口，還是個東西合併、傳統與現代並陳的多重院落建築。母親記得進門後還一落一落地走進去，像走進一棟傳統大宅，但裡面既有傳統的廳堂，也有不少西式的房間。高家的

5：一九二七年台南固園黃家的家族合照，其中雖然兩位家族女性長輩還穿著傳統台灣衫，但即將出嫁的大女兒（後排右二）已經穿著改良的台灣衫了，而她的兩個妹妹則穿著西式的學校制服。（黃天橫先生提供）

6：一九二八年的一張女子公學校畢業照，女生多還穿著改良台灣衫。然而再過幾年，這些女孩都將穿起了洋裝。

老宅就像那時台南基督教會與醫生家庭裡長輩女性所穿的「改良台灣衫」，也是座「改良的」台灣建築。然而與母親同輩的她們新生一代女性，卻是從小就開始穿起了洋裝。

洋裝這個名詞現在的人已經少用了，服裝就是服裝，有所差異的才要特別標出，譬如「唐裝」用來指涉中國傳統服裝。然而對於七、八十年前的台灣女性而言，「洋裝」卻是個十分新潮時尚的名稱。洋裝原是日本人用來稱呼西方現代服飾所用的漢字詞彙，日本人和中國人一樣，在接受西方文明衝擊時，也用「洋」這個漢字來表示「來自西方」之意。洋裝一詞顧名思義當指西洋人的全部服飾，然而在當時日語的用法裡，卻漸漸成了專指女性的現代服裝了。西式的男性服裝則用「西服」來指涉，這都是日本人用來與他們的傳統服裝「和服／吳服」有所區別而創造的新詞。

洋裝隨著日本占領台灣而大量傳入，這個詞彙也進入台灣人的語言裡。相對於這個新名詞，台灣人的傳統服裝，原來是沒有指涉族群的個別稱呼的，這時就反而要有個特殊稱呼了。如同叫日本人穿的爲「日本衫」，或叫西洋人穿的爲「洋裝」那樣，台灣自己原無地域之別的裙袍衫褲就只好冠上一個新名詞叫「台灣衫」了。於是就像「台灣話」這新詞彙一樣，對那一代人而言，有了台灣的這個前置詞，從此就不免帶上了土俗保守的味道，包括「台灣歲」的這種虛歲算法。台灣傳統家族的保守性，我們還可在一張台中潭子林家一九三四年的結婚照（圖7）上看到，雖已是一九三〇年代了，這些傳統士紳家族的女性不論老少都還穿著台灣衫，不過她們的衣服卻已充滿變化，屬於母親口中的改良型了。

從這時起，原來作爲女孩子必須從小學習、而此後終身受用的傳統女紅手藝，開始式微。上過日本殖民時代公學校的台灣少女，穿過半土半洋的改良台灣衫之後，她們企盼著穿上洋裝，想學會的不再是傳統女紅，而是洋裁——洋裝的裁縫。

母親就在這傳統到現代的交錯變化中度過她的少女時代，一九三一年三舅的現代婚禮當然給母親的家族姊妹們極大的衝擊和深刻的印象，成爲她們在服裝上嚮往的榜樣。對母親以及我們稱呼爲阿花姨的她的親密堂妹而言，這個嚮往就不只是能穿上現代的、時尚的洋裝，還進一步走進了這個洋裝的行業了。

她們姊妹倆在公學校畢業數年後的一九三六年，先後來到台南市新闢的末廣町

7：一九三四年台中潭子林家的一張結婚照，其中除了新娘之外，女性包括小女孩全部穿著各種改良台灣衫。（張超英家族提供）

大街上的一家日本人的洋裝店「日吉屋」當學徒，母親並因而開啓了她的六十年洋裁歲月。

台南五條港的老家族

母親還記得那個祠堂上樑的大日子。順興商號這個家族事業依照閩南人傳統叫作「公司」，在分家搬離後，每當要回到番薯港老家，總還說要「轉去公司」。

在一九一八年秋冬之交的一個月圓之夜，母親出生於台南城西門外番薯港的施姓家族，外公因而將她取名傳月。母親出生時日本統治已過二十多年，台灣正處於傳統社會與日本現代化改造之交。台灣漢人的最後一次武裝抗日，一九一五年以台南老廟西來庵爲謀畫之處，而起事於台南西部山區的「噍吧哖事件」，也已落幕。與此同時，接受日本現代化教育的新型知識分子代之而起，採取了非武裝的社會運動形式來進行抗爭活動。不出數年，蔣渭水領導的文化協會就在一九二一年成立了。而經商的施姓家族也正處於這個巨變之交。

番薯港屬於清代道光年間疏濬的舊運河五條港地區（圖8）。前清時期，台南的海岸線隨著溪流沖積、沙洲擴張以及颱風的肆虐，海岸逐漸往外推移。道光年間的一次大颱風更是造成台江內海消失，將安平與台南連成一氣。大船原來可以直接開到台南西門城外，這時只能停靠在安平外海。但在沖積淤沙的同時，也形成了五條主要的溪流，最後匯聚入海，這條入海溪流在道光年間被疏浚為可行小船的運河。於是大船在安平外海下錨，再由小船裝卸貨物經由這條運河來回於這幾條小河汊，因此台南西門城外原來的商埠依舊興旺。台南人就叫這五條連上運河出海的主要小河汊為「五條港」，是前清時期台南商賈興旺所在（圖9）。「港」在這裡是其漢字原意「水流之巷」，指的是小水道，就像《水滸傳》描寫梁山泊「周圍盡是深港水汊」、「有無限斷頭港陌」的那種港汊，而非現代觀念的海港。為有別於日據時期在其南邊開闢的新運河，這條舊運河就叫作五條港運河，而隨著城市的擴展，如今也沒留下太多痕跡了。

施家所在的番薯港是屬於五條港最南邊，一條叫安海港的分支小河汊。施家先祖在前清中葉從泉州晉江遷移到這繁榮的台南五條港，在番薯港一帶設立

8：日據時期台南的五條港與新舊運河景象。

了順興商號，經營各種買賣，包括木材、米糧、南北雜貨等。施姓家族後來在一八五七年又從晉江老家請來當地保護神六姓府王爺廟的分香，並在母親讀小學的一九二七年，在六姓府廟邊捐地蓋了施姓祠堂（圖10），母親還記得那個祠堂上樑的大日子。這個家族事業依照閩南人的傳統叫作「公司」。母親回憶在他們分家搬到白金町之後，每當要回到番薯港老家，總還說要「轉去公司」。這種稱作公司的家族組織，如今在南洋的閩南移民中還可見到，譬如在馬來西亞檳榔嶼上規模甚大的「邱公司」，就是一個全族人聚居，共同營生，進而發展出大企業的範例，如今其輝煌的家廟甚至成了景點。（圖11）

這個施家公司照顧著全族人的生活，族裡的孤兒與寡婦都得到適當的照應，尤其在那個平均年齡甚低的艱困年代，可說是「鰥寡孤獨廢疾者皆有所養」。譬如三舅結婚時，排行老七的外公的前六位兄長都已不在，其中不乏英年早夭的，也留下多位孤兒寡婦。三舅雖已父母雙亡，在這個施家的公司裡仍受到家族栽培，得以從高等商業學校畢業。而守寡的在公司裡也被賦予較大的管教權力。母親回憶說，這個四代同堂的家族每天燒飯做菜就是一件大事，有人負責出門採買食材，有人負責廚房裡的烹煮。家族擁有的幾家商店與貨棧，

9：一九二〇年代台南五條港一帶的老街，街上還有遮陽棚。（並河亮攝影）

10：如今侷促一隅的番薯港臨濮堂施姓宗祠入口，由原是施姓族人在一八五七年從泉州晉江帶來的六姓府王爺廟擴建而成。

11：二十一世紀初在馬來西亞檳城的邱氏家廟，有著典型的閩南廟宇燕尾屋頂，圖左是戲台。當地閩南移民所建立的家族組織「邱公司」至今仍家業興旺。其家廟與事業規模比起同樣閩南移民的台灣宗祠／公司宏大很多。

也都分別由成年男性負責。小孩則有多位長輩女性一起照管，母親還記得守寡的三嬸管教起他們這群小孩子來特別嚴厲。

日據時期，舊運河與五條港因爲淤塞而逐漸蕭條，而縱貫鐵路的修築更讓它進一步沒落。到了母親公學校畢業時，施順興堂家族已經分了家，分家後的各房只能各憑本事四處發展。外公分到的是他原來就負責照顧的，位於舊名打銀街的一家叫錦順興的「簽仔店」（kam^{2}-a^{2}-tiam^{3}）。這家雜貨店在那時的門牌編號是白金町（今忠義路一帶）三丁目三十二番地，從對面小巷進去則有個萬福庵老廟。那一帶由於地勢漸高，而有另一個老地名叫「番薯崎」。施家分家後，母親一家遂從靠西臨水的番薯港，往東搬到了小高地番薯崎。

在末廣町開闢前，白金町是日本移民首先進駐之區。白金町三丁目這一段，舊名叫打銀街，有很多金子店（銀樓），並與府城東西向的竹仔街、帽子街等組成的本町交會。在一九二〇年代中母親就讀公學校時，日本殖民政府開始了「市區改正」計畫，這些原本彎彎曲曲的老街遂被拓寬拉直（圖12&13）。那時他們錦順興的一樓店面還爲此往內退縮，並空出亭子腳的騎樓空間來。那時臨街有不少日本人的商家，母親回憶說有一半是日本人開的，而且是較現代

12：一九二〇年代拓寬拉直後的台南老街打銀街與上橫街等串起來的白金町（忠義路），左邊歐式建築是在與錦町（民生路）交口處新蓋的郵局。

13：一九二〇年代拓寬拉直後的台南老街竹仔街，在市區改正計畫下與武館街、鞋街等街段串成本町（民權路）。

新穎的商店，包括後來搬到末廣町銀座的林百貨、小出商行等名店，並且還有一棟新蓋的郵局大廈。直到又過幾年，在一九三〇年代初這些日本商店多數搬到新闢的末廣町銀座後，白金町才變爲以台灣人商店爲主。施家分家時，外公分到的只是這個商鋪與店號，房子卻是租來的。在還未分家時，施氏家族曾想買下這房子，但房東那時並不想賣，後來在戰爭期間他再想賣時，外公卻已無力承購了。

在從一九二〇年代末延續到一九三〇年代的全球經濟大恐慌中，日本帝國又開始了一波對外擴張，台灣經濟則一直處於不景氣狀態。外公拙於理財，不善計較錙銖之利，又有著爲了治療長年肺疾而開始卻未能完全戒掉的菸癮，在這種處境下經營錦順興就一直十分艱難。身爲大姊長得高大的母親，還在讀公學校時就必須幫忙照顧店面，公學校畢業後也就沒能升上中學，而是留在家裡繼續顧店了。施氏家族姊妹們前三個都未能繼續讀中學，直到第四個才開始有這機會，也反映著傳統家族的時代變化。

雖然錦順興商店附近住著不少日本人，但顧客主要還是在地人，因爲台灣的老式雜貨店是可以討價還價，不像八百屋（日式雜貨蔬果店）那樣不二價。

母親回憶說，在地顧客擅於一仙二仙地討價，尤其有時一圓錢的東西都已賺不到一仙錢了，顧客還是在殺價，讓她覺得很無奈，看不到前途。那時雜貨店又經常開得很晚，常常半夜才打烊，就只爲著可能還會出現的那一二個顧客。她回憶說，店裡經常只剩下她一個大女孩在照顧，早晚還得拆卸與安裝那好多片的厚重老式木板門。母親的生母早逝，留下唯一孤女。外公再娶的繼室，母親叫她阿嬸，生了四男二女，雖然待母親不錯，但終究不如己出的疼愛。

母親在少女時期的這麼一個處境，依循既有的道路大概就是等著時間來到，讓家人安排一門好親事，嫁到門當戶對的另一個小生意人家裡，繼續幫著照顧另一家小店鋪。母親一百六十五公分的身高就今天年輕女性的標準而言不算什麼，但在七、八十年前那個年代的台灣卻有些鶴立雞群（圖14）。有著這樣身高的少女，如今可以企盼成爲名模或球星，然而在社會崇尚的是小巧細緻女性的那個年代，卻會被譏笑說嫁不出去。母親那時又有著一張方頭大臉，更是不具這種「幼秀」的傳統美感了，不像她堂妹阿花姨那樣符合這麼一個標準。這樣的少女處境於是就一直讓母親自覺大不如人，然而卻也成了自我鞭策的力量，讓她自覺到必須自尋出路。

14：一九三〇年代末期比一般台南女子高出不少的母親（右四）帶著小姨媽與朋友們攝於安平海邊。

婦女雜誌開啟的一扇窗

那些用來作為包裝紙袋材料的舊雜誌，上頭的氣質模特兒、美麗洋裝以及詳細圖版，深深地吸引了少女時代母親的心思，為她沉悶的顧店日子帶來一線幸福人生的憧憬。

少女時代的母親在日復一日照顧雜貨店的沉悶時光裡，就只能結交鄰舍同齡女孩，在附近街坊的小範圍活動。錦順興對面打製錫壺銅罐的豬公伯一家，靠著豬公姆精明的理財能力蓋了樓房，還買了留聲機。母親回憶說，他們家女兒阿枝是白金町第一美女，是她們這一街坊女孩圈的中心。除了文化協會的積極分子林是好女士所灌錄的唱片外，這時寫於一九三〇年代初期的〈望春風〉、〈雨夜花〉等這類新式流行歌謠也開始風行（圖15），她們幾個女孩就經常聚在阿枝家樓上，播放這些唱片跟著學唱，並倚在二樓陽台臨街唱了起來。母親的大堂哥也從番薯港風聞而來學唱。然而當時年輕人新學到的這個歌唱的樂趣，當然不免要招來保守長輩的皺眉瞪眼，外公就罵說「查某囡仔唱什麼望春風」。

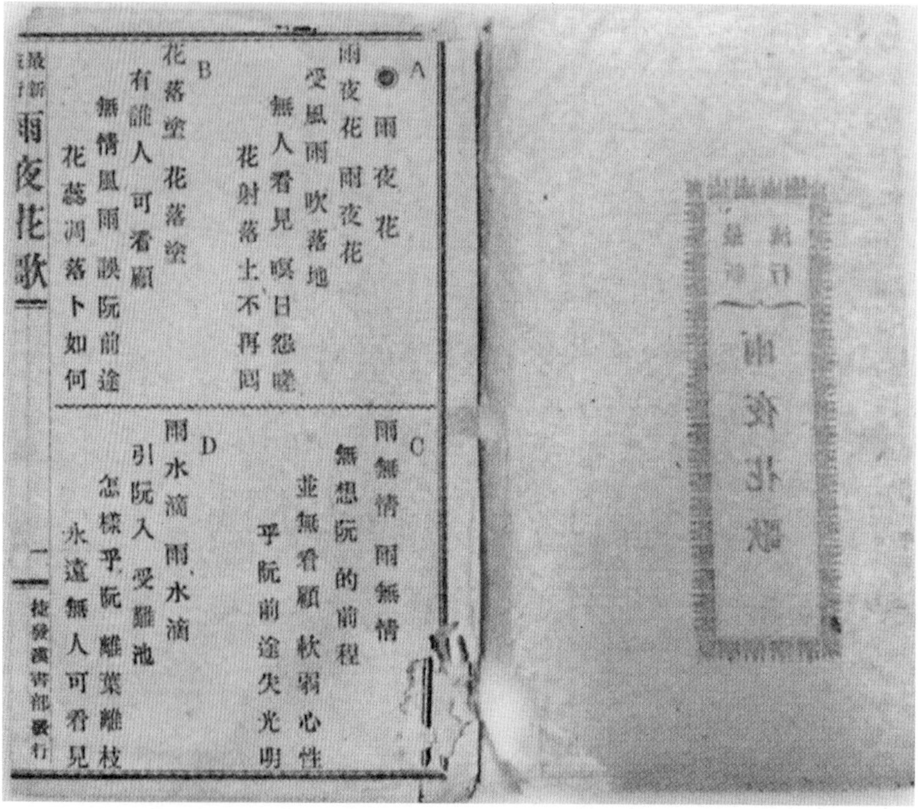

最新流行 雨夜花歌

A
◎雨夜花
雨夜花雨夜花
受風雨吹落地
無人看見暝日怨嗟
花謝落土不再回

B
花落塗花落塗
有誰人可看顧
無情風雨誤阮前途
花蕊凋落卜如何

C
雨無情雨無情
無想阮的前程
並無看顧軟弱心性
乎阮前途失光明

D
雨水滴雨水滴
引阮入受難池
怎樣乎阮離葉離枝
永遠無人可看見

一

捷發漢書部發行

15：一九三〇年代印有〈雨夜花〉歌詞的台灣歌本。

如此在竟日顧店的刻板日子裡，偶爾還能穿插友朋的歡聚時光，但是店裡竟然還有個東西吸引住母親的目光。那時店裡用來包裝顧客購買之物的紙袋（塑膠袋尚未問世），都是店家用舊報紙雜誌，自行一張張黏貼而成。這些舊報紙雜誌並非一般台灣人家庭會訂閱的，必須去向舊紙商購買。而在這些用來作爲包裝紙袋的材料中，有一類舊雜誌引起母親的注意。那是附有洋裝設計圖樣的日文婦女雜誌，像《主婦之友》或《婦人俱樂部》之類（圖16），都是住在台南的日本家庭主婦看過不要的。

這些日文雜誌在整個日本現代化的過程中，主要是在提供日本女性各種相關的現代觀念與知識，在塑造日本式的現代婦女角色上起了很大的作用。這類雜誌內容五花八門各有特色，但都不乏教導讀者如何穿著洋裝的篇幅，其中模特兒展示著新做的各式洋裝，旁邊還附著剪裁方法與尺寸細節的小圖版與文字說明。這些舊雜誌上的氣質模特兒、美麗的洋裝以及詳細的圖版，遂把少女時代母親的心思深深地吸引了過去，爲她在那沉悶的顧店日子裡，開啓了另一扇窗戶，從那裡望出去似乎有著幸福人生的憧憬。於是她決心學習洋裁。

母親回憶說她被婦女雜誌上的洋裝圖樣吸引之後，就向外公請求出外工

16：一九三〇年代的《主婦之友》雜誌的各種附錄，除了介紹各種現代婦女的生活知識外，還會附上洋裝圖樣與剪裁的詳細說明。是當年婦女接受日本式現代化教育的重要媒介刊物。

作，去當洋裁學徒。然而女孩出外做事在那時不僅少有，在保守的家族裡還是件不光彩的事，家族長輩不會贊同，何況雜貨店還是要有人幫忙。因此外公自然是沒答應，但心想這也是一途，在經濟蕭條、雜貨店經營困難的情況下，大女兒學會做衣服或許可以補貼點家用，就去幫她買來一台最基本的手搖裁縫車。於是母親開始利用顧店的空閒時刻，看著雜誌上的那些洋裝圖版，無師自通地學起裁製衣服。

操作這種手搖縫紉機時，必須學會雙手配合，一邊用一隻手搖著機器的轉輪，一邊用另一隻手推著布前進。其他裁縫工具如剪刀、針線等就來自家裡阿嬸原有的。最困難的部分是日文雜誌上的圖形與剪裁說明（圖17），母親憑藉那年代公學校畢業的日文程度並不能完全讀懂，家裡又沒人可問，只能將就著邊做邊試。如此她就在這種克難的摸索過程中，先從最簡單的衣服開始，學會了洋裁的基本功。有一天她又在樓上屋腳發現一個包袱，打開一看竟是她阿嬸的一些舊的與裁剪一半的布料。她就用這些零碼舊布，參照著雜誌上的洋裝圖形，一一為她自己以及年幼的弟妹們裁製了幾件簡單的衣服。而那些雜誌上的日文說明在多年的試誤與摸索之後也慢慢讀懂了。

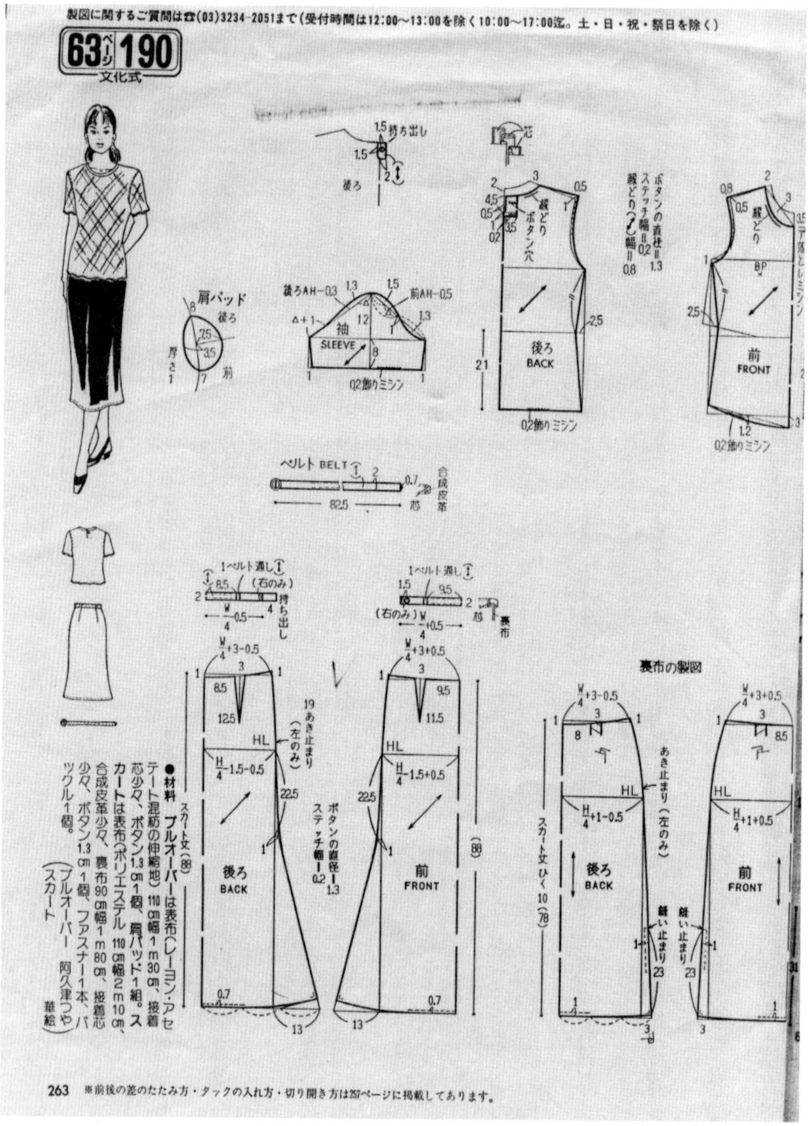

17：解說詳盡的日文時裝雜誌內頁，一九三〇年代母親憑著這些圖樣與說明，自己摸索學會了洋裁的基本技術。

在這之前她穿的都還是改良的台灣衫，那時大半台灣人經營的裁縫鋪也都只能裁製這類衣服。在她尚未能爲自己裁製洋裝前，家人就只能幫她去這些傳統裁縫鋪做改良台灣衫來穿。當一九三一年三舅三妗的新式婚禮帶給施家女孩極大衝擊時，母親還只能穿上較保守的改良台灣衫去參加婚禮。而隨著時代變化，這種改良台灣衫就越來越脫離傳統式樣。母親記得兩年後一九三三年家裡幫她「做十六歲」成年禮時，她外婆還特別做了一套很漂亮的淡紫色改良台灣衫送過來，式樣是那時從上海流行過來的鳳仙裝，讓她高興不已。

然而洋裝最後還是征服了她們這一代的少女們，尤其之後不久母親就在店裡包裝紙上發現了洋裝圖樣的新天地！於是當母親接著有機會親手爲自己做衣服時，當然就選擇了洋裝。母親回憶說，她在這段期間爲自己裁製的第一套正式洋裝，是一件上衣搭配一條窄裙。她清楚記得那是條帶點黃暈的綠色窄裙，而上衣則是選了淡綠的布料，自己覺得很滿意。當然這套洋裝的式樣全部是依照日文婦女雜誌上的圖樣來裁剪的，但這第一套而且是自己縫製的洋裝，已經夠讓她興奮不已了。

日吉屋洋裝店的召喚

台南大街上的幾家較大的洋裝店都是日本人開的，嚮往著能到洋裝店工作的母親，看上的就是開設在末廣町大街上的日吉屋，是當時台南最大、最時尚的洋裝店。

母親於是從她十六、七歲起，利用顧店的空閒時間，參照日文婦女雜誌上的洋裝圖樣自學了洋裁。在如此簡陋的條件下幫自己與年幼的弟妹做些簡單衣服的一、二年後，她更有信心出去找個裁縫工作了。

一九三〇年代中期的台灣，女性的衣服不再是一穿多年、缺乏變化、像母親的長輩們所穿的那種傳統唐裝/台灣衫，新生代的都市女性開始穿起全套洋裝。相較於躲在老街小巷裡的傳統裁縫鋪，開始有台南人開起洋裁鋪幫人做洋裝，光鮮時尚的洋裝店則出現大街上，不僅在本町、白金町等拓寬拉直了的老街，更在新開闢的末廣町現代大街上。老街本町的大井頭附近，本是傳統布莊聚集所在，也轉型成販賣現代布料的布行之街，包括台南幫白手起家的創業者侯雨利、吳修齊兩家族所開設的。這時除了吳家新創立了「新和興」布行外，侯家叔姪也已在台南城裡擁有「新復發」、「新復成」、「新復興」與「新復茂」四家布行，標榜新式布料的批發零售。在這種社會條件的變化下，洋裁成了一種新興的現代職業，而且是年輕女性可以選擇的少數志業。

母親從婦女雜誌上自學而迷上了洋裁之後，就在這種氛圍中，開始嚮往著能到洋裝店工作。若能到那裡她不僅可以擺脫沉悶的看店日子，還眞正可以學到洋裁技藝。那時並沒有名牌服裝這東西，大半的漂亮衣服都是量身訂做的，較大的洋裝店就提供著類似現在名牌服裝店的服務。在台南大街上的幾家較大的洋裝店都是日本人開的，而她看上的一家就是開設在末廣町（圖18）大街上的日吉屋，是當時台南最大、最時尚的洋裝店。

她於是再次向外公提起外出工作的請求，外公只是沉默不語，未置可否。她只得繼續邊顧店，邊找時間裁裁剪剪做衣服，憑著那些舊婦女雜誌上的圖形解說，從簡單的衣裙做到了複雜的套裝了。母親向來意志堅強，不會輕言放棄。如此又過了好一陣子，她就透過阿枝去向她在日吉屋工作的一個朋友打聽，看是否有在招人，得到的回答卻是沒有。然而不久之後，阿枝卻又高興地來告知說，在報上看到日吉屋正在招募洋裁工的廣告。母親憑著這消息再度向

18：一九三〇年代的一張末廣町銀座的老風景明信片。末廣町是台南州廳從老街坊中開闢出來的現代化大馬路，路兩旁種上了南洋風的椰子樹，兩側則蓋了新式的住屋商店，是當時日本人進駐的首善之區，並暱稱作銀座。圖右側這排最遠處高樓是林百貨店。日吉屋洋裝店就位於這條現代時尚大街上。

外公請求，這次終於得到外公的允許了，或許母親的堅持終於使外公讓步，也或許日吉屋的名氣使外公覺得較為安心。

應徵那天，母親穿上自己最新裁製的一套洋裝來到日吉屋。日吉屋的老闆得知她身上穿的衣服是出自她親手剪裁縫製的，馬上錄取她，要她隔天就來上工。母親清楚記得，這一年她十九歲（圖19），就是一九三六年，而上工第一天是五月二十日。然而女孩子出去工作這種事，在家族長輩心中還是個見笑的事，母親的八叔為此還責怪外公，因為他們施家在台南五條港繁華時期，曾是小康商號，如今雖然沒落，體面還得維持。但這對外公的經濟處境而言也是沒辦法的事，畢竟母親出外賺錢將會全數拿回家補貼家用。對母親而言，她並不只是為了賺那點工資，更是想學到洋裁手藝作為一技之長。

這是母親生命中的第一個重大決定，她一定要去學得洋裁手藝。那些原來是店裡用來黏貼紙袋子的日文現代婦女雜誌，竟成了她企盼一個獨立自主新世界的啓示。不僅是雜誌上的洋裝人物與圖樣，還有其他更多現代婦女的各種生活知識與規範也都來自這些婦女雜誌。雖然母親那時日文不好，但邊讀邊學也學到了裡面很多東西。而這些雜誌呈現的雖然只是一九三〇年代的「日本式」

19：一九三六年來到日吉屋當洋裁學徒之前的母親（中）與好友在台南公園，左邊是母親口中的「白金町第一美女」阿枝。

現代婦女典範，也足夠讓她大開眼界，爲自己找到一條可以獨立自主、安身立命的出路了。

洋裁作為年輕女性的新出路

能作為女性一生志業的機會極稀少，沒落中的家族還覺得女性外出工作是件不體面的事。能到洋裝店當洋裁工，對渴望追求獨立自主的母親來說，確實是個僅有的出路。

母親所喜歡上的洋裁，在那時也正好爲她提供了少有的機會。屬於農業社會的外公那一輩的庶民女性，從頭到腳都還以傳統服飾來打扮，也不出外工作。會要出外工作「賺錢」的女性，大半不是伶人樂伎就是煙花女子，而被叫作「賺食査某」（than²-cia³-ca⁷-boo²）。即使必須下田勞作的農家婦女，也基本是在自家田地上，而不是「出外」賺錢。只有像進入世界貿易流通網的台灣製茶業，以及開始現代化的一些輕工業與商業，才開始有勞動婦女參與。在府城台南，一般良家婦女只能待字閨中，等著許配給適當人家。這要到台灣社會在日本殖民政府的現代化改造下，才開始起變化。即使如此，在一九三○年代的各種新興的行業裡，對於只有公學校程度的一般年輕女性，其實選擇並不多，尤其是可以作爲一生志業者更是稀少，洋裁是其中少有的選項。

洋裁作爲一種職業，從一九三○年代開始就一直是台灣中下層的年輕女性，追求獨立自主的一項另類選擇。這種情況是一直要到一九八○年代，台灣經濟再次經歷另一波巨大變化之後，才逐漸退潮。在這期間，台灣的年輕女性不只開始大量接受基本的小學教育，也有不少中上層女性接受了更高的現代化教育了，譬如進到日據時代的高女，以及光復之後隨著聯考制度大批地進到各大專院校。在日據時期，少數能讀到高女的女生是人人稱羨的對象，然而她們畢業之後卻沒有相應的職業讓她們繼續發展，其中極少數的上了大專如醫學校而成了女醫生，那是鳳毛麟角。大部分只能找到暫時性的白領工作，譬如銀行或機關裡的文書或會計。說是暫時性，是因爲她們大半出身豐裕家庭，若要靠她們賺錢補貼家用，會是件很沒面子的事。她們的高女學歷基本上還是作爲一種婚姻的身價，可以爲家族找到好親家。於是不少高女畢業生就嫁給當時台灣社會新產生的高階男性，如醫生、律師、牧師等新型社會菁英，當了「先生娘」或「牧師娘」（圖20）。這種高學歷女性，包括大專畢業生，沒能有自己的志業的情況，一直延續到光復之後。在這種氛圍中，女性的學歷並非就是能夠出外賺錢與獨立自主的充分條件，但卻是社會位階的充分象徵。

相較而言，缺乏學歷的中下層年輕女性就更沒有獨立自主的條件了，難怪那時母親家族中的伯叔輩會反對她出外工作，沒落中的家族還是覺得那是件不體面的事，在他們心目中，能幫女兒找到一個好婆家就是她最好的出路了。那時對於一般年輕女性，除了像洋裁、護理等少數技藝外，就只有到各種新式的商店行號去當店員，這樣其實與在家顧店沒啥差別。因此在作爲女性一生志業的機會極爲稀少的情況下，能到洋裝店當洋裁工，對母親確實是個僅有的出路。一九三六年她心意已決，而外公在自家經濟拮据的情況下也終於同意她出外工作。此後幾年內母親又介紹了好幾個家族與街坊鄰居的年輕女性來到日吉屋工作，包括她最親密的燦花堂妹（圖21），而不再遇到太大的阻礙，顯然社會觀念正在轉變之中。

如此，母親就在她的少女時代，從閱讀這些日文的現代婦女雜誌開了竅，

20：日據時期高等學歷的台灣高女畢業生很多嫁作新型社會菁英的新婦，如先生娘、牧師娘與辯護士娘，都已披上白色婚紗，但結婚之後往往專作家庭主婦，而少有自己的志業。
（張超英家族與陳柔縉女士提供）

打開了心胸，提高了眼界，並且找到了一條可以獨立自主的道路——洋裁手藝。此後日本式的現代婦女形象就成了她的典範，這些不只表現在穿著與化妝上，還在待人接物和生活的品味與嗜好上，成了她一生到老都努力維持的體面。這雖與她那同一時代受過高等教育的女性一樣，然而她卻不曾有過任何日本人的身分意識，或者根據她回憶時的語氣，是不會有這類妄想的。這個日本式現代婦女形象之所以成爲她能參照的標竿，除了來自企圖要克服孤女處境的動力外，還有一個年輕時「被人看輕」的時代經驗。

母親不時會回憶起她年輕時候被罵「清國奴」的恥辱經驗，譬如有一次與朋友穿著時髦的民國式改良旗袍走在街上，遭到日本警察斥罵。這是他們這一代全盤接受日本現代化教育的台灣人的共同歷史經驗。母親還回憶說，那時有些日本人呼叫台灣人時還會說「你仔！你仔！（li^2-a）」，她說這是那時歧視台灣人的日式閩南語。將閩南語的名詞加個a的尾音，視情境而言本有親密或蔑稱之意，然而台灣人並不會把代名詞的「你」字加個a的尾音來稱呼對方。用這個通稱式的蔑稱當面呼叫某人的詞彙，是那時在台的某些日本僑民根據閩南語的一般用法編造出來的。母親回憶說，她聽了特別刺耳，覺得很難受，引

21：在日吉屋當學徒的阿花姨（左）和母親，穿著同一款式白色套裝的郊遊照。阿花姨不久即嫁到末廣町上的殷實米商賴家，母親則繼續追尋著洋裁之夢。

以為恥。然而在那日本帝國意識全面高漲的一九三〇年代，日文婦女雜誌卻是母親能看到未來希望的一扇窗，至少是她不願被人看不起的深刻自覺所能依循的模範與慰藉。

於是她帶著學習的心志來到日吉屋工作，展開她一生的洋裁志業。

第二章

學藝出師

(1936~1944)

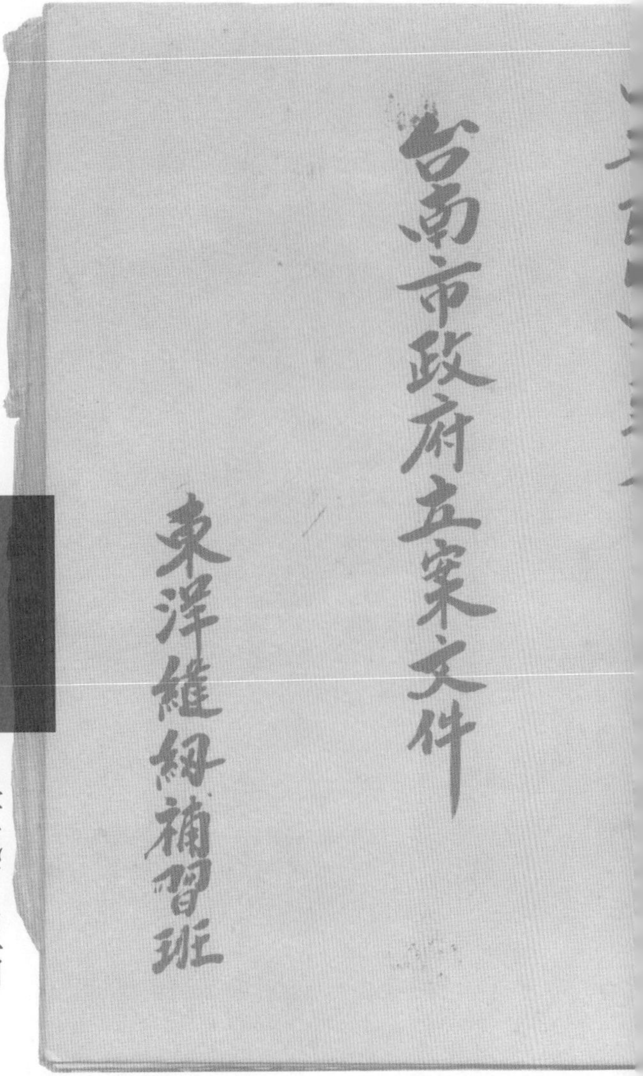

洋裁學徒的日子

母親每天早上穿著自做的洋裝，走過新舊店屋並陳的白金町，再走過現代化的末廣町，經過一家家標榜時尚品味的新式商店與喫茶店，來到心儀已久的日吉屋。她從學徒幹起，先是前兩個月沒有薪水的試用期，如此開始了她一生的洋裁事業。

一九三六年五月二十日一早，母親來到日吉屋報到，開始了她當洋裁學徒的日子。末廣町上的日吉屋洋裝店位於台南城裡，如今在西門路與永福路之間的那段中正路上的南側（圖1）。白金町的母親家距離日吉屋並不遠，她從番薯崎的錦順興商店沿著白金町往南走，穿過民權路的本町與民生路的錦町，沿途有著不少新式商家，在錦町路口已矗立一棟新蓋的郵局大廈（圖2），也經過不少老廟，像天公廟、三官廟、五帝廟、鄭氏家祠等，就來到了末廣町的交口。那時過沒多久，日本勸業銀行就在這路口大興土木，建起一棟有著古希臘式大廊柱，如今列爲古蹟的勸業銀行建築（現在的土地銀行）。一九二〇年代日本殖民政府在「市區改正」的都市計畫下，在城東新建的火車站與城西的新運河之間，從老府城的舊街坊民居中開闢出一條當時台南最大的馬路。這條貫穿府

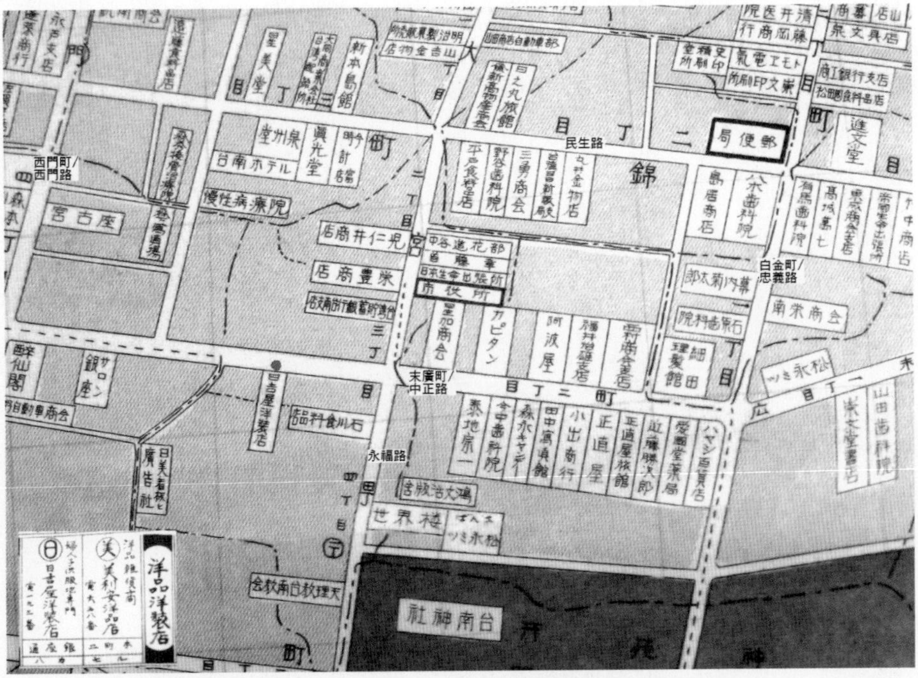

1：這張一九三六年發行的台南市〈職業別明細圖〉在末廣町上標出日吉屋的位置，地圖背面的職業別索引只列出這一家洋裝店，顯然是當時台南城裡最有名的一家。圖上白金町是今天的忠義路，錦町是民生路，末廣町／銀座是今天的中正路，大宮町是永福路。這張圖只標示一九三〇年代的現代商店行號單位，而未標示傳統廟宇街坊。（黃天橫先生提供。現在路名為作者所加，左下索引為作者移置）

城東西的現代馬路分成兩段，東段叫大正町，西段叫末廣町，而以七路交會的大正公園圓環在中間銜接（圖3）。如今是台灣文學館的台南州廳建築就矗立在這圓環的西南角。

末廣町在一九三〇年代初成爲台南最現代、最時髦的大街，路邊是典雅的路燈與南洋熱帶風的椰子樹交互排列，兩旁蓋起有著騎樓的新式建築，是一樓店鋪樓上住宅的連棟住商樓房，被稱爲「銀座」（圖4），以小幾號的形式遙遙呼應帝國之都東京的同一地名。於是原來在白金町開店的日本商家紛紛轉進銀座，空出來的白金町高級店面才由台灣人進駐。就在新闢的末廣町與老白金町的交口西南角，矗立著當時全台數一數二的「林百貨店」這棟台南最高建築（圖5）。母親從這路口右轉末廣町往西走，一路下坡穿過永福路的大宮町，就來到日吉屋的所在。上工第一天以及以後數年的每一上工天，母親就沿著這條路線來到日吉屋。

出身五條港老社區的母親，這時每天早上穿著自做的洋裝，離開打銀街上生意蕭條的老雜貨鋪，走過新舊店屋並陳的白金町，再走過現代化的末廣町，經過一家家標榜時尚品味的新式商店與喫茶店，來到她心儀已久的日吉屋。她

2：新蓋的郵便局（左上角）突出在老民居中。
3：新闢的大正公園與公會堂。
4：市區改正計畫下新闢的末廣町銀座段。
5：末廣町上的林百貨店，圖右為勸業銀行。

從學徒幹起，先是前兩個月沒有薪水的試用期，如此開始了她一生的洋裁事業。

母親當初是憑著自己裁製的衣服作爲技術能力的證明而被錄取的，但來到這裡工作的第一天，她卻有個不小的恐慌。她原來在家裡做洋裝時用的是那台已運用純熟的手搖裁縫車，而今她在日吉屋看到的卻是一台台腳踏式裁縫車，這是她從來沒用過的較高級的機器。母親回憶說，她暗自心慌，擔心因爲不會使用而當場出糗。幸好當時老闆娘拿給她的第一件差事，竟是縫合二十件日式棉被套的工作，讓她鬆了一口氣。被單畢竟不像服裝複雜，只要一直線縫下來即可，正好給她一個練習使用腳踏式裁縫車的機會。原來雙手配合的方式如今改成手腳配合，單腳或雙腳前後擺動踩踏，引動車針機制上下穿針引線，而空出的雙手則可以更精巧地控制布上的縫線前進方向。縫合二十件被單這麼一件任務下來，她就把這腳踏式裁縫車的基本功練熟了。

日吉屋洋裝店由一對日本年輕夫婦，子承父業在經營。那時的洋裝店不只幫人裁製洋裝，也兼賣布料，還雇有幾位業務員拿著洋裝圖樣與布料樣品，四處登門招攬生意。因此店裡除了裁縫師、裁縫工外，還有專跑業務的。這些業務員都是男性，而裁縫工則大半是女性。業務員算是正式職員，由店家包辦午餐，裁縫工則須自理餐飯，母親中午的便當就由家人送來。這個年輕溫文的日本老闆曾去日本讀了大專，但還是回到台南來繼承父親的事業，也從日本迎娶了有著日本古典美的新娘，而這時他們剛生了小孩沒多久。（圖6）

日吉屋的一樓店面是洋裝與布料的展示與接待空間，顧客上門挑選布料、與師傅討論洋裝式樣、量身訂做、試穿都在這裡。老闆一家人住在二、三樓，裁縫的工作空間則是在隔壁的二樓，有門可通。母親每天就來到這裡的二樓工作間做衣服，那裡擺滿了裁縫桌與裁縫車，擠了十多個裁縫工。那時就有大小禮拜之分，每當生意好的大月時，他們就只放大禮拜的假，每天還得回家吃完晚飯後再去加夜班。

日吉屋老闆對洋裁技藝並不在行，只能做業務管理，因此所有選樣、剪裁與分配工作的事，就交由幾個洋裁師傅來主持。店裡有三個洋裁師傅，其中一個是姓高的台南本地男性，另外還有兩個日本女性師傅。高師傅在當時台南的環境中學會洋裁，是店裡技術最好的，因此基本上是由他當工頭來分配工作，以每個裁縫工的手藝與工作效率來決定誰負責哪一套洋裝。

母親因有幾年的自學基礎，加上對洋裁技藝的熱愛與自我激勵，來到日吉

6：一九三七年日吉屋部分員工的元旦團拜，年輕老闆夫婦坐在前排中央，後兩排的男性員工大部分是業務員，中排最右是大高師傅，後排最左則是小高師傅。母親坐在前排最右，她旁邊是個高女畢業生。

屋後技術進步很快。在兩個月的試用期間，母親在完成第一件被單任務後，又被老闆娘交付做他們家小孩的衣服，也如期完成。原本沒有工資的兩個月試用期下來，竟被老闆獎勵了二十元，相當於正式裁縫工的基本月薪了。

他們是按件計酬的，然而每一件並非毫無差別，做複雜的套裝與做簡單的上衣的酬勞不一樣。洋裁基本上還是手工藝，不僅是多做多得，勞動強度高的也多得。因此除了速度快慢之外，還有技術好壞，都會影響到每個月能領取的工資。技術好的也就有了分配到做高報酬服裝的機會，這個分配權基本是在那幾位師傅，尤其是高師傅手上，而主顧的反應當然也有影響力。母親就在這種憑著個人技術與勤奮的競爭環境下，在日吉屋裡脫穎而出。(圖7)

母親回憶說，高師傅對她也特別照顧，很多技術幾乎傾囊相授。有次來了一批要趕工的訂單，高師傅邊做邊教母親，譬如他先做右半邊的部分，要母親一邊觀摩，一邊跟著做左半邊，如此讓母親很快學會各種不同裁法。在這樣的機遇下，母親的洋裁技術大有進展。

母親在日吉屋工作幾年後，這位高師傅請假到日本去學洋裝設計，回來不久就辭職出去自己開了一家「洋裁研究所」。日據時代，在正式教育體制之外

7：一九三八年元旦來到日吉屋樓上主人家拜年的裁縫女工。坐在前排正中的是跟隨母親來到日吉屋工作的燦花阿姨。

提供給社會人士學習特殊技藝的教育機構就叫作研究所，如同今天的職業補習班。那時高師傅從日本學成回來之後所開設的，就是一家教授洋裁技藝的縫紉補習班，母親還曾經去學過。在這位高師傅離職之後，他的位置遂由也在日吉屋工作多年的他的弟弟接任，然而這位小高師傅技術卻大不如他哥哥。

在高師傅去日本留學期間，日本師傅就把複雜的套裝大半交給母親做，引來同事間不小的嫉羨。如此工資也就大幅成長，母親回憶說，她那時勤奮工作，最好的時候一個月可拿到四十元，比起幾年前高等商業學校畢業的三舅，剛到專賣局工作時拿到的五十多元月薪，所差不多。母親將薪水全數交給外公，對家計起了不小彌補作用，終於讓他安心於女兒的出外工作。他也心疼大女兒每天出外工作，幾乎天天中午都親自送來便當。

高師傅的恩德當然讓母親永誌不忘，然而他也有過進一步的心思，這卻是年輕的母親當時不曾覺察的。幾年後母親才聽家人提起，那時高家曾託人來提親，當然被外公婉拒。而母親回憶說她那時只是一心想學好洋裁，對其他事都憨憨地不曾知覺。一九三六那年到日吉屋工作時，母親說她十九歲，而實歲才滿十七。

憨憨的母親那幾年只是一心想學好洋裁，並賺錢補貼家用，對這些青春情事甚少放在心上。她的洋裁技藝在幾年內得到最大的提升，這裡不只有洋裁師傅可以學習，有最新潮的服裝樣式可以接觸，也有很多種洋裝圖冊可供參考。洋裁圖樣不再只是《主婦之友》裡的有限篇幅，更有洋裁專門刊物像《裝苑》（圖8）之類的。幾年的磨練下來，母親已經可以「出師」了。

來洋裝店工作的男女青年，大半出身中下階層，沒有高學歷，母親記得他們十幾二十個裁縫工裡只有一二個有高於公學校學歷。但這裡的環境卻有點像中學校那樣，帶給他們現代文明的新鮮感，很多屬於學校才有的現代啓蒙教育也都可能在這裡發生。對來這裡工作的年輕女子，那更是充滿著求新與解放的氣息。她們眼裡看到的和手上裁製的常是當時最流行的服飾。她們也依樣在能力所及爲自己打扮出最時髦的形象。她們穿上自己做的漂亮衣裳，頭戴時髦的帽子，足蹬流行的高跟鞋，在新曆元旦時回到店裡團拜，放假時呼朋引伴逛街踏青，甚至來到安平海水浴場戲水。她們嘗試各款衣服，買不起和服，就到寫眞館租來穿上並照相留念；她們也會設法避開日本警察的眼光，穿上流行的新式民國旗袍。她們可說是在台南的庶民年輕女子中引領時尚的一群（圖9～圖17）。

8：《裝苑》老雜誌封面。

在這樣的新潮氣氛中，男女情愛與爭風吃醋也就在所難免，是他們的父母那輩人所難以想像的。雖然母親傻傻地努力工作著，卻也難免牽涉到這群年輕男女同事間的感情牽扯。有一次她爲一位要好女同事的情感糾葛「仗義執言」，得罪了這時掌管工作分配大權的小高師傅，竟整天沒被分派工作，因此憤而辭職。母親回憶說，在沒被分派工作的那幾天，她年輕氣盛，乾脆到西門町的宮古座去看電影。日吉屋老闆在師傅與女工之間的取捨下，只能犧牲女工，接受母親的辭職。這時是一九三九年，母親已在日吉屋工作了三年多。她回到家裡，並不擔心，自覺已經出師了，日吉屋工作的結束同時也是她此後獨立作業生涯的開始。

9

10

9 & 10：一九三〇年代的一群台南年輕女子於安平海水浴場。

11 & 12：一九三〇年代盛裝踏青的台南年輕女子，大半是母親的洋裝店同事，是府城引領庶民女子時尚的一群。

13 & 14：一九三〇年代的日吉屋同事們在鐵道上與郊外。

15, 16 & 17：一九三〇年代的台南女子在寫真館裡、孔廟前和郊外。

更上一層的渴望

一九四〇年底，東京新宿區四谷的租屋處，
母親與阿珠兩個年輕同鄉女子，就一起擠在這四疊半榻榻米大的小房間裡，
開始過著清苦的留學生活。

母親辭職回家後，外公並沒多說話，或許覺得她還是能不外出工作較好。後來的名歌手文夏的母親，出身白金町的金子店，這時在本町經營一家「文化洋裝店」。她得知母親離開日吉屋後，曾來請母親去他們那邊當師傅，然而母親還是決定「食自己」，不再爲人工作。有些老顧客循線而來，繼續找她做洋裝。但她在裁縫設備上如今卻是手無寸鐵，家裡也一時無能幫她購置腳踏型裁縫車，幸好竟從她九嬸那邊借到一台，而免於讓外公費心張羅。

施家九嬸婆是個開通的女性，然而她自己還是穿著台灣衫，並不做洋裝。他們的女兒，小母親一歲的阿花姨，讀公學校時成績很好，老師許丙丁是台南著名的藝文人士，還特別來施家請求九叔公讓她上中學。九叔公雖然經濟條件較寬裕，並沒答應，而讓她與母親一樣留在家裡看店。施家九叔公在分家時也

分到在西門町上的那家雜貨店，施家人稱之爲新店，有別於外公照顧的白金町舊店。阿花姨一邊看店，一邊看著母親每天高興地到洋裝店上工做洋裁，就拜託母親也介紹進日吉屋。九叔公本來也是不答應的，後來經由母親一再求情才允許，也在這時他們家購置了這台裁縫車。然而阿花姨在日吉屋才工作了一年多，九叔公他們就又爲她安排了一門很體面的親事，把她嫁到城裡的殷實米商賴家去了，當然她也就必得離開日吉屋。那時阿花姨的嫁妝另外備辦，並沒把這台裁縫車帶過去，才得以讓母親暫時借來使用。

這時日本帝國的戰爭體制進一步加強，錦順興商店更蕭條了，賒欠供貨的行郊商不少錢。母親辭職回家後，外公看看情況，遂把雜貨店左半邊空出來作爲母親的洋裁鋪。洋裁鋪與雜貨鋪共用一個店面，中間並無特別隔間。母親在這小半邊的前頭擺著人形服裝模特兒，披上新做洋裝以廣招徠，後邊則是工作桌與裁縫車。這是她第一次有了自己的裁縫工作室，雖然簡陋，但以此爲起點開始獨立作業。從幫人做衣服，到收學徒，再到設立縫紉教室開班授徒，一路走了過來。這是一九三九年底，她才滿二十一歲。

母親繼續努力工作，這時所賺的錢當然就比在洋裝店的工作所得多了，但也大半交給外公用來彌補雜貨店的虧損，以及一家子年幼弟妹的撫養。然而雜貨店的經營是一步步地艱難，而外公原本不佳的身體也越行衰弱，就在一九四〇年初春某天竟因爲感冒引發急性肺炎猝然而逝（圖18）。母親的大弟原先在一家藥行當店員，這時只好辭職回家來負責雜貨店了。而行郊盤商在外公去世後，不僅急著來討回賒欠，並且要求此後必須以現金交易，更是雪上加霜。母親回憶說，那段日子她只能將雜貨店任由大弟經營，她則夜以繼日地工作，以償還拖欠行郊的四、五百元債務，並支援進貨所需的現金。

外公過世時，母親已經正式從事洋裁工作四年多了。這時作爲一個獨立的裁縫師，足以養活自己，然而作爲家族一員，年齡相仿的堂表姊妹都已出嫁，而她卻還需要爲家中生計操勞。母親心裡明白，以她的學歷及幾年磨練下來的技術水平，也只能讓她得以溫飽，何況婚事尚在未定之天。然而疼愛母親的外公過世後，雖讓她有了失怙之痛，卻也給了她一個自由空間。她想到要提升人生的可能性，必須在技術上更上一層。而她這幾年來學到的洋裁技術，大半只能根據洋裝書上的圖形依樣畫葫蘆，頂多在袖口領子等小處做修飾，不敢進行較有創意的變化。這時台南的洋裁師傅也基本上依循既有圖樣，不太敢有所創

18：一九三〇年代末，外公遺像。

新，更遑論教學生如何進行創意設計了。為了彌補這一缺憾，她興起到日本去學習服裝設計的念頭，就像高師傅那樣，期盼能發揮更上一層的美感創造力。

母親是個急性子，年輕時膽子也大，當她做了這個去日本學習洋裁設計的決定後，很快備妥一筆小錢，就在一九四〇年底上路了。那時從台灣去日本並無須辦理特別手續，買張船票就去了。去日本上哪家學校也不可能事先安排，只是知道大約都在何時開學，到了再說。母親回憶說，她託在專賣局工作的三舅買了一種多段聯程的旅行票，總價三十二元，像一本小簿子，包含從台南到東京一路各種交通工具的所有車票與船票，在每個轉接站一張張撕下。她先搭火車從台南到基隆，再從基隆港搭船到日本九州的門司港，然後在那裡轉搭火車，最後是抵達東京的一個火車站。這時她隨身攜帶的只有兩套冬裝（其中一套穿在身上），一塊夏季布料，以及幾個月來所存下的二百元台幣所換成的日圓。母親回憶說那時台幣雖然與日圓是一比一兌換，幣值一樣，但不能在日本流通，必須換成日圓。

來到東京這大都會，她幾乎舉目無親，幸好原先就聯絡好她的小學同學，少女時代的好朋友涂明珠（圖19）來接。這位母親叫她阿珠的好朋友，台南高女畢業，那時正在東京一家專門學校接受藥劑師訓練。母親出了火車後就依照來信指示，站在月台上不動，果然不久就見到阿珠出現了。

阿珠的寡母是白金町那一帶的有名產婆，街坊叫她寶姊，母親則稱她寶姨。寶姊是經過訓練與考試而領有執照的新式產婆，是那時少數的專業婦女，成了母親年輕時的典範與偶像。她又是街坊的大姊頭，爲人豪爽，待人親切，又能言善道，甚得產婦家喜歡，因此收入不錯。根據洪有錫《先生媽、產婆與婦產科醫師》一書，一九三七年台北市的產婆最高收入每月可達兩百五十元。台南地區有名產婆的收入即使沒那麼多，應也是不小的數目。

白金町的寶姊也重視女兒自立能力的培養，除了讓阿珠上高女外，還在她高女畢業後，把她送到東京來讀藥劑師。後來阿珠在日本學成後回到台南，嫁給錦順興斜對面的黃金漢醫師，父親的中學同窗。而阿珠在嫁給黃醫師之後，兼管起醫院的藥局，算是不棄所學的先生娘了。

一九四〇年底母親抵達東京之後，阿珠帶著她搭上複雜的電車線，一路轉車把她接到新宿區四谷的租屋處。那是個四疊半榻榻米大的小房間，在隔出一小塊來當廚房之後，靠牆是阿珠的書桌，房間中央擺著方形矮桌，就寢時必須

19：母親一九四一年在東京的室友涂明珠（右），和白金町鄰居好友阿枝（左）。這張照片攝於一九三六年的台南公園，母親即將到日吉屋工作。

移到旁邊。兩個年輕同鄉女子就一起擠在這小房間裡，伙食自理以便省錢，並共同分攤房租、菜錢與雜費，過著清苦的留學生活。

隔天阿珠開始帶著母親尋找適合的洋裁學校，尤其是要有設計課程，並且能接受她的學經歷的。憑著在日吉屋工作與日本人交談相處的經驗，以及從日文雜誌上自學而來的詞彙，她的日語竟也能暢行無阻。在詢問過多家洋裁學校之後，她看上了一家位於澀谷區正在招生的「東京洋裁技藝學院」。

當時東京最有名的服裝設計學校是「文化服裝學院」，就是著名時裝雜誌《裝苑》的出版者，不過不只學費貴，也只收高女畢業生。而母親找到的這家東京洋裁技藝學院，除了學費較低外，還接受她的小學學歷與洋裁經驗。母親不只已有洋裁基本技術，也算出師了，因此學校還容許她全天上下午兼修，在半年內上完一年的課程，如此還可省下半年的生活費。由於上的是專門爲服裝設計而開的課，日語叫作裁斷科，只需學習如何將心中的想像與概念畫成裁衣的圖形，如何在既定的圖形上進行各種創意變化，而無須實做衣服，也省了購買布料的費用，何況在租屋處她也沒有裁縫車可用。

母親回憶說，開學後她每天一早帶著便當，走上二十分鐘的路去四谷的電車站，搭車加轉車二十多分鐘來到澀谷車站，下車後再走上十幾二十分鐘，如此花上一個多鐘頭才到達東京洋裁學院上課。東京的上班人潮洶湧，走路快速，來自悠閒台南的她老是被人推擠。她記得看到一個趕著搭車的男士，在潮濕的地上滑倒，起身再走又再摔跤，如此好幾次還是勇往直前，讓她看得目瞪口呆。於是母親就如此天天早出晚歸，晚上就在那張小矮桌上做功課寫「宿題」作業。週末放假時，她就跟著阿珠閒逛東京。來到那些大百貨公司，面對琳瑯滿目的物品，她就只能欣賞了。她記得有次跟著阿珠去賞櫻，雖是花季尾聲，也讓她回味無窮。

在接近畢業的初夏時候，母親遂將她從台南帶來的那塊夏季布料，設計裁剪後拿到一位日本同學家裡，借用她家的裁縫車縫製了一件連衣裙夏裝，這樣她即可應付來臨的夏日了。在如此忙碌充實的日子裡，她在半年之內完成了裁斷科的學業。母親回憶說，她在這裡學到了如何在洋裝設計上變化花樣的很多作法與訣竅，給了她一個後來可以盡情發揮創意的堅實基礎。

母親回憶說，那一屆同學裡只有另一位台灣學生。而那些日本同學也大半同母親一樣，多非東京本地人，而來自日本各地，因此也都上下午兼修，以便提前完成學業。在這張裁斷科同學合照裡（圖20），這些來學洋裁的日本學生竟大部分穿上了和服盛裝來照相，當然母親就只能穿上她從台灣帶來的一件套裝。在另一張同學合照裡（圖21），母親和她在班上較好的幾個同學一起站在校舍台階前，這時大家就多穿上洋裝了。

母親在一九四一這年初夏完成學業之後，原本想在東京找事做，還去學習製作女裝帽子的技藝。在洋裁服裝的流行上，這裡可是帝國領域內最引領時尚的中心，吸引了不少各地青年來到這裡學習磨練。然而母親想在東京留下來的計畫卻被打斷了，這時一位母親叫她拾姊的朋友，也是鼓勵她來日本學習的台南鄉親，來到了東京，並帶來母親家人的囑咐，要母親畢業後立刻回家。母親不想違拗家人意思，然而這時帶來的旅費也都用光了，只好向拾姊借了錢，先算清最後的房租雜費，再買了車票船票，穿上新做不久的唯一夏裝連衣裙（圖22），向阿珠道別之後，跟著拾姊回到台南來了。

這時日本國內的戰爭氣氛已是高漲，在不到半年的一九四一年底，日本帝國海軍偷襲珍珠港，全面引爆太平洋戰爭，將全國帶進戰時體制。母親若在日本留下來，也不會有太多發展機會。

20：一九四一年四月母親在東京洋裁技藝學院的裁斷科師生合照，裁斷科即設計科。

21 & 22：一九四一年春天母親與東京的同學合照，那年夏天母親穿著在日本做的連衣裙回台。

戰雲下的志業與婚事

戰局紛亂、物資進一步缺乏的情況下，日本殖民政府更要求一切從簡。然而母親並不想讓自己的婚禮跟著戰爭沉淪，設計了一件樸素不失典雅的白色禮服，加上頭飾以及長長的拖地白紗，全部自己動手縫製。

母親回到台南之後，仍舊在白金町錦順興老店的那半邊洋裁鋪幫人做衣服，還繼續補助家計，她回憶說必須負責每月二十元的房租及水電費用。這時有了東京洋裁學校的學歷，她遂敢掛出用以紀念外公施海瑞的「瑞惠」洋裁店小招牌了。

然而到了一九四一年底，日本偷襲珍珠港引發太平洋戰爭後，台灣跟著全面進入戰時體制。不僅食物、布料等生活所需開始配給，雜貨店的供貨也大受限制，居然以賣貨量來決定配貨量。在經營困難的情況下，錦順興這家苟活的雜貨店遂陷入賣出越少供貨就越少，而供貨越少生意就越不好的窘境。接著負責經營的母親大弟又被徵調去當軍伕，遠赴南洋去了。

在這種情況下，家計還是靠母親的洋裁店來彌補。然而由於戰時的經濟管制，各行各業都很蕭條，連台南侯家與吳家的幾家布行都因布匹來源中斷而歇業了。母親回憶說，那時配給的布料還有一種用紙纖維織成的粗布，質地甚差，也不耐穿，只能將就使用，或者只好拿出原來貯存的舊布料來做衣服。爲了增加收入，她除了收學徒幫人做衣服外，還進一步以在東京拿到的文憑，在一九四三年春天向台南州廳申請設立了學術講習會（圖23&24），也即是洋裁學校的雛形，並取名瑞惠洋裁研究所。這時母親不只是洋裁師傅，還是開班授徒的洋裁「先生」了。

然而能招到的學生並不多，通常只有四、五個。母親將樓上的臥房進行改造，隔出一間小教室來，而實習所需的裁縫車就利用樓下洋裁店所用的。雖然學生不多，但收入卻還是比單純幫人做衣服好。更重要的是，母親還從教授洋裁之中發現極大的生命樂趣，這個因快樂而來的動力竟就讓她追求並從事洋裁教學事業半個世紀之久，直到滿七十五歲後才止。於是她如此一面繼續幫人做衣服，一面開始教洋裁，並學著如何組織課程與編輯教材，也磨過了那二、三年的艱困時刻。

來到一九四四年，日本帝國敗象已露，更是加緊搜刮民間資源。在這種捉

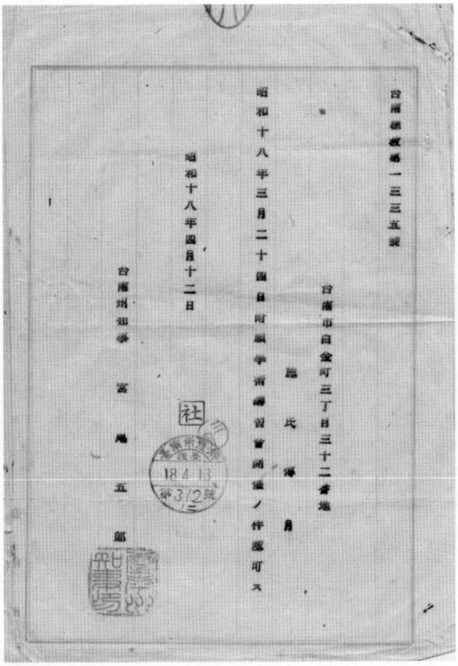

台南州教第一三三五號

台南市白金町三丁目三十二番地

施氏淨月

昭和十八年三月二十四日附願学術講習會開催ノ件認可ス

昭和十八年四月十二日

台南州知事　宮崎五郎

社

臺南市役所 庶務 18.4.13 第3/2號

23

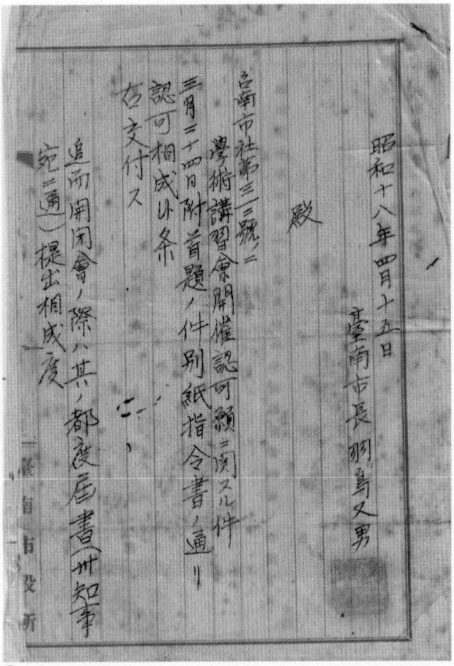

昭和十八年四月十五日

臺南市長　羽鳥又男

殿

台南市社第三一三號ノ二

學術講習會開催認可願ニ関スル件

三月二十四日附首題ノ件別紙指令書ノ通リ

認可相成リ条

右交付ス

追而閉會ノ際ハ其ノ都度届書（州知事宛ニ通）提出相成度

臺南市役所

24

23 & 24：一九四三年瑞惠研究所的台南州廳與市役所核准文件，官方名稱竟是「學術講習會」。

襟見肘、處處禁令的條件下，大家只能苟且偷生。而在戰爭期間進一步推展的皇民化運動，對這些庶民階層似乎並沒太大影響，母親回憶說，他們家從沒被要求改名或什麼的，她也從沒覺得他們家可以去爭取日本人的身分。她大弟被徵去南洋當軍伕，後來在部隊裡據說是以自殘的方式裝病，得以退伍回家保住性命，然而對家計卻幫不上什麼忙了。母親的洋裁店與研究所只能將就度日，設法維持一家人的生活，談不上發展，當然也談不上在那年代早已逾齡的婚事，過了舊曆年她就廿七歲了。「沒人替伊安排將來代誌」，家人的生計都還必須靠她支援，自然也不會為她著急的。

這時還不滿十七歲的三姑媽，在母親那邊工作已有二、三年時光。她在一九四〇年公學校畢業後就來當學徒，母親從日本回來後，她又回來幫忙。她們兩人相處十分融洽，三姑媽於是介紹了遠在日本工作的她二兄（圖25）給母親，撮合他們兩位。父親年長母親四歲，那時已在日本找出路四、五年了，正在一家叫東京光學的公司工作。他們雙方就當時的標準而言，都已超過適婚年齡不少。雙方先隔海交換了照片，然後父親辭掉在東京的工作，在一九四四年三月搭船回台相親。母親記得他們就在末廣町銀座街上林百貨旁，一家叫豐田

25：一九四二年在日本的父親。

26：一九四四年在台南貯蓄銀行工作的大姑媽（二排左二）。

的咖啡館初次見面。在步入戰爭末期，一切都顯得不確定的時刻，超齡的雙方似乎很快就彼此吸引了。他們都深受現代化洗禮，在戰時的困難條件下，遂省略掉台南傳統的訂婚與插簪儀式，直接在這年九月結婚了。父親回到台南後，在大宮町上貯蓄銀行工作的大姑媽（圖26），將他介紹到那裡工作。母親回憶說，那時因爲年輕的日本銀行職員多已被徵調上了戰場，不然哪有台灣人進去當正式職員的份？

一九四四年是第二次世界大戰局勢扭轉的一年，這年六月歐洲的英美盟軍在法國諾曼地登陸，開始反攻。同一個月份美軍在太平洋的塞班島之役取得重大勝利，占領了能讓B-29轟炸機飛臨日本本土的一個太平洋島嶼基地，日本開始陷入困獸之鬥的境地。其實在那之前，美國的潛水艇就已經橫行日本周圍海域了。母親回憶說，父親這年三月搭船回台不久，就聽到有台日間的客輪被美軍潛艇的魚雷炸沉的事件。

在這樣戰局紛亂、物資進一步缺乏的情況下，那年九月的婚禮也只能將就舉行。雖然在一九三〇年代以後，台南城裡的年輕女性結婚時已開始披上了白色婚紗，但這時日本殖民政府因戰爭之故要求一切從簡，結婚時新郎穿一種打綁腿的國民服，新娘則穿一種土土的日式燈籠褲（Monpe），即使不想如此穿著也租不到白紗禮服。然而母親並不想讓她的婚禮跟著戰爭沉淪，她自己設計了一件樸素又不失典雅的白色結婚禮服，加上頭飾以及長長的拖地白紗，全部自己動手縫製。父親則向四舅公借來一套「摩令古」禮服，如此父母兩人總算留下了戰雲下盛裝婚禮的身影（圖27）。他們的婚禮很簡單，但也成全了十多年前三舅那場令人欣羨的白紗婚禮，所帶給家族裡包括母親在內的少年男女們的熱切憧憬。

這套母親自己設計與縫製的白紗禮服，在戰後的艱難歲月裡，還在家族適婚的女性中流傳，在二姑媽、二姨媽與三姑媽的結婚照上我都還看到，如此輾轉相傳幾手之後才不知所終（圖28～30）。

27：一九四四年九月母親的白色婚紗，是在戰爭的困難條件下她親自縫製的。

28：一九四七年二姑媽結婚時穿上同一件白色婚紗。

29：一九四九年二姨媽結婚時也披上這一件。

30：一九五三年這一件白色婚紗出現在三姑媽的身上後才功成身退。

第三章

亂世餘生（1944~1953）

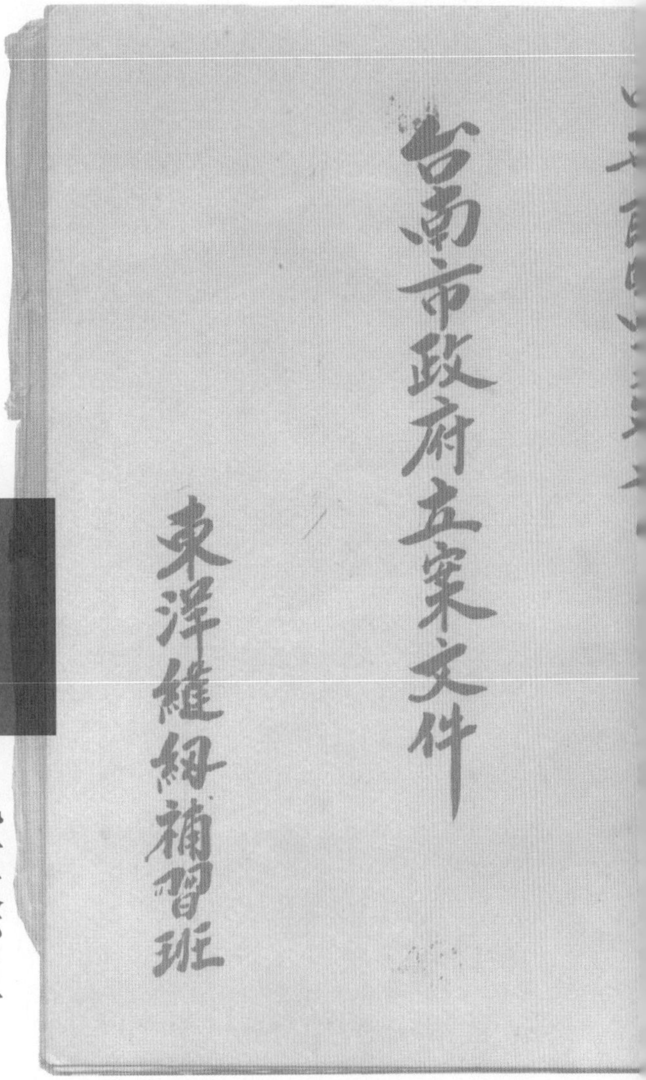

戰爭與疫癘

美軍第一波轟炸後，台南人開始疏散到鄉間去。
母親則將洋裁設備暫時存放到四舅公寬敞的醫院家裡，
在疏散時仍不忘帶著一台裁縫車到新市鄉的農舍裡去，以便隨時有工具縫製衣服……

一九四四年九月，父母兩人在台南結婚。這時父親已經在大宮町（今永福路）的貯蓄銀行上班半年了（圖1），他們小倆口就在靠近北門的鴨母寮菜市場旁邊巷子的一戶傳統合院老宅裡，分租了其中的一進小院落，簡單的婚宴就在裡面的中庭舉行。由於新婚，加上戰爭進入後期經濟更加蕭條，母親只好將瑞惠洋裁研究所收了起來，只用院落裡的一間廂房當工作間，在老顧客中接些服裝來做，三姑媽也繼續來幫忙。

父親在一九四四年春天回到台南之後，曾和中學同窗重新聚首。他們這些老同學在幾次聚會場合不免談起局勢變化，有人就指出日本帝國戰敗在即，建議大家應該加強英語並學習北京話，不過是些識時務者的常民之語，不料在這年九月底的一個清晨，父親正要出門上班時，門口卻出現兩個日本便衣憲兵將他帶走。當年日本憲兵隊負責帝國的偵緝任務，他們顯然偵知了那幾次同窗聚會的話題。這時父母親才新婚不到一個星期，母親慌了手腳，拜託好友拾姊去打聽送禮，才在一個星期後讓父親從日本憲兵隊憔悴不堪地回到家來。

這時從塞班島起飛的美軍軍機，已經可以飛臨日本本土進行轟炸。日本帝國進一步走向敗亡，台灣經濟情況十分悽慘，生活物資全面管制配給，母親的裁縫鋪其實也沒太多生意可做。如此過了不到半年，在日軍已經完全失去制空權的情況下，美軍飛機就開始大舉轟炸台灣的幾座城市了。母親回憶說，有一天突然從天上掉下來很多傳單，上面寫著美國空軍將於三月一日正午開始轟炸台南的通告，要大家疏散躲避。這顯然是美軍的預先警告，他們已經全面掌握了制空權。而台南州廳也已經操練防空演習多時，並早已要求市民挖掘防空洞，父母親所住的那家合院裡也挖了一個。不過這張警告單並沒在台南城裡引起太大恐慌，大半市民還是照常過日子。

於是就在預告的一九四五年三月一日那天接近中午時刻，台南市民照樣滿街走著，母親也出門到附近明治町（今成功路）去領取配給米糧。她回憶說，那時就在街上走著，突然間響起空襲警報，一時還以為是防空演習，但不久就看到一隊隊的飛機從安平港那邊的上空，轟轟然飛進台南市區，並且開始投彈。接著爆炸聲四處襲來，街上市民四散躲避，母親也趕緊回家，跟著房東一家人躲進防空洞裡。

台南第一次遭到美軍轟炸，災情慘重（圖2），母親聽到附近有戶人家中彈死了人。B-29轟炸機是從台灣海峽那邊由西往東飛過來的，幾條日據時期新闢或拓寬的東西向大街都挨炸了，包括最新穎的末廣町銀座，以及那個目標明顯的林百貨店和台南州廳。鴨母寮旁邊的明治町也不例外地挨了炸。解除警報後，母親從令她氣悶已極的防空洞爬出來，回到房間後發現地上與桌上都附著一層厚厚的絲塵，原來是蜘蛛絲與塵埃，在傳統老屋沒有天花板遮隔的桁樑上，日積月累形成的混合物。可以想見，轟炸的震波、聲波與風暴如此劇烈，遂把那些桁樑上年久未除的絲塵都震了下來，撒了滿地。

第一波的轟炸後，台南人開始疏散到鄉間去。父親因為在銀行工作的關係必須留在城裡，獨自搬回小上帝廟附近的鄭家老宅，母親則隨著吳家拾姊一家人疏散到新市鄉的一戶農舍。他們退了租屋，而母親的洋裁設備像裁縫車就暫時存放到四舅公寬敞的醫院家裡。她在疏散時則仍不忘帶著一台到新市去，

1：日據時期的台灣貯蓄銀行，在今天永福國小對面。

2：一九四五年遭美軍多次轟炸過後的台南州廳建築，三個大小圓穹形屋頂全不見了，房舍幾乎整個燒毀，只剩主牆。

以便隨時還有工具可以縫製衣服。施家八叔公則給了她一袋白米，以備不時之需。

號稱「空中超級堡壘」的美軍B-29新型轟炸機，從太平洋中的塞班島起飛，其續航力可以來回日本本土毫無問題。他們在一九四五年三月一日開始轟炸台南時，已在二月初首次轟炸神戶，將戰火燃燒到日本本土了。而後在三月初也開始地毯式地轟炸東京、大阪等六十多個日本城市。台灣的幾個主要城市就都在其轟炸範圍，這樣的轟炸日子一直持續到一九四五年八月中旬日本戰敗投降爲止。

這半年的疏散日子極爲辛苦，不只因爲物資缺乏而導致營養不良，還疫病流行，不少人得了瘧疾，母親也遭到感染。她在那裡沒醫沒藥，也沒營養，只能天天冷熱交攻地捱著。她回憶說，每天到了中午時刻就冷得蓋幾層棉被也沒用地全身打寒顫，然後又是發熱到昏頭轉向。而八叔公給的那袋白米竟然在一次颱風中給淹了水而泡湯了。有天母親聽到鄉人建議說用茄苳葉來燉雞吃可以痊癒，就去買了一隻雞，摘了些茄苳葉來燉。她回憶說，她帶著病弱的身子，生平第一次屠雞，搞得手忙腳亂，而煮出來的湯汁味道卻苦得難以下嚥。不過吃了之後每天卻眞的較不寒顫發抖，身體也感覺有力氣多了。

就這樣捱著過日子，身體瘦了一圈。有天突然聽到日本投降，戰爭結束了。母親心想不可能在新市治好病的，不管如何先回台南再說，就拖著孱弱的身子，走上一個鐘頭來到新市火車站。沒想到車站擠滿了人，看來根本不可能買到票上車，同時開來的火車也都不是客車，而是有著特殊任務的公務車。母親回憶說，她於是用流利的日語向站務人員苦苦求情，那位日本職員同情她，竟讓她一個人上了一列火車回到台南。到了台南車站，她又慢慢走了一大段路才到小上帝廟的鄭家，與父親重聚。

一九四五年的轟炸、疏散與疫病帶來了不少家族災情，母親她家人把雜貨店收了，與施氏家族一夥人疏散到靠山的大內鄉，八叔公先前曾在那裡購置了地產房舍。不幸很多族人在那裡也感染了惡性的瘧疾，其中母親的繼母、八嬸及其媳婦和小兒、三舅的大兒子，還有其他幾個人，都沒能安然度過這難關。

光復後的亂局

台南在二二八事變期間雖然較其他地方平靜，但城裡還是一片風聲鶴唳。母親在小巷子的破房舍裡忙著做衣服、教洋裁，對各種變亂是避之唯恐不及。

母親終於捱到戰爭結束，帶病回到台南與父親會合。他們遂在熟悉的末廣町與白金町一帶，在慘遭轟炸的劫後銀座大街後面的小巷子裡，向拾姊租了一個小房子暫且安頓下來。他們租賃的這房舍雖然沒有直接遭到轟炸，但因銀座是屬於轟炸目標，遂也被轟炸產生的暴風摧殘得破爛不堪。母親回憶說，巧手的父親四處找來零碎的木條、木板與磚頭，拼拼湊湊，敲敲打打，竟把門戶與屋頂修理得勉強可以遮風擋雨。

光復後的台南，大家勉強恢復商業活動，但戰後物資一時仍極缺乏，市容還是蕭條，到處都還留著戰爭遺痕，一片轟炸後的景象。日本人則準備打包回日本去，很多原來是他們的店鋪行號，因爲將被歸爲日產沒收，很快地轉移到台籍人士手中，其中大半是原來的員工或合夥人。台南大街上的日本商家大概都是如此轉手，而形成了一批有實力的在地商人（圖3）。不少等待被遣送歸國的日本人，也將難以帶走的家當拿到街上擺攤子廉售（圖4）。父親於是廉價買了一台老式手搖留聲機，連同一些七十八轉的硬質黑膠唱片與一堆鋼針。這些唱片沉重易碎，一面大約只有五、六分鐘長度，只容得下一首歌，其中除了日本歌謠外，還有一些西洋古典聲樂歌曲，包括卡羅素的。這手搖留聲機與唱片後來竟成爲我們小時候的玩具，而這可是以前一般台灣人難得享受的。

這時母親拖著病體在這破落房舍裡又將裁縫鋪重新開張，雖然生意不多，還是有些等待歸國的日本婦人拿了積存的老布料來做新衣。其中一位好心婦人在得知母親瘧疾未癒時，竟拿來一小瓶吃剩的奎寧，靠著這一小瓶奎寧，母親的瘧疾得以痊癒。然而孱弱的身體與不良的營養也還在折磨著她，這兩年中她竟流產了兩次又難產了一次，幸而保住了性命。在這困難的過渡期中，她仍不忘教授洋裁的志業，在那破房舍裡又開始招徒授課（圖5），重拾她最樂於從事的工作。

光復後這幾年竟還是個動盪不安的歲月。中國大陸迅即爆發國共內戰，國際新興勢力進行重組，冷戰局勢正在形成，台灣也在這大環境下醞釀著各種新

3：台南末廣町上的日本商店在光復後迅速轉到台灣人手裡。

4：朱鳴岡畫光復後等著歸國的日本人擺地攤出賣舊貨。（刊載於一九四六年《新台灣畫報》第四期）

5：光復之初的一九四六年，母親在小巷子內的破舊租屋裡又開始開班授徒，三姑媽（後排右二）也來幫忙，初中生的四姑媽則來湊熱鬧（後排右一）。

的政治與社會矛盾。父親因為在戰爭末期有過被日本憲兵抓去的經驗，變得謹言慎行，過著上班族的生活。這時父親工作的貯蓄銀行已被台灣銀行合併，他也就成了台銀員工。兩年多來歷經了回鄉、新婚與光復，一時還讓父親充滿著上進的企圖心，一九四六年底他向銀行報名參加了台灣省訓練團的課程。省訓團是為了培養各機關的台籍幹部而設立的訓練機構，位於台北市（圖6）。然而父親在隔年二月初省訓團結訓回到台南沒多久，台北就爆發了二二八事變。

台南在事變期間雖然較其他地方平靜，但當三月初國軍登陸進行鎮壓時，城裡還是一片風聲鶴唳。父親在這段期間因為銀行繼續營業，還是天天上班。母親在小巷子的破房舍裡忙著做衣服、教洋裁，對各種變亂是避之唯恐不及，然而還是受到驚嚇。那是三月上旬，國軍上岸後一路鎮壓下來，進入台南的時候，大街上頓時商店關門，行人匿跡，學生提早放學，父親也回到家來。我四叔這時正就讀城東的台南一中，學校放他們回家，他不走大街而繞著府城綿密的老巷，一路往西鑽到父母住處，磨蹭一陣後想北向穿過末廣町大街，繼續沿著老巷回到白金町小上帝廟祖父母住處。父母親他們看著四叔出門離開，接著又看到他倉皇折了回來，竟是血流滿腿。原來沿著末廣町大街兩邊騎樓前進的

6：一九四七年二月，二二八事變前夕，父親正在位於台北市的台灣省訓練團受訓。

7：一九四八年元旦，四叔與祖母及四個姑媽的合照，在二二八事變時受到驚嚇的四叔還在讀台南一中，編撰文學刊物，繼續作著文藝青年之夢。

鎮壓部隊的前鋒，正好來到了巷口。四叔走出巷口只探出個頭，來不及迴避就在大腿處被刺了一刀。他拖著血淋淋的大腿，一拐一拐地回來，把父母給嚇壞了，忙著幫他包紮。

二二八事變對小市民而言很快過去（圖7），然而台灣的經濟情況卻還在復原之中，母親的裁縫生意依舊門庭冷落，來學洋裁的人也不多，更不用提將瑞惠洋裁研究所重新掛牌的可能了。接著有點牛脾氣的父親卻因故與房東拾姊有了齟齬，以致突然面臨被趕出門的境地。拾姊要父母親馬上搬走，有一天竟帶來了他們家幾個夥計，把家具全都搬到屋外，包括母親的裁縫車。母親不知所措，一直等到父親下班後，找來警察仲裁才暫時平息。雖然有了這緩衝，但也非得另尋他處不可，一時之間母親竟不知如何繼續她的裁縫鋪。母親回憶說，這位過去經常幫助她的好友，如今卻因與父親有所誤會而翻臉，令她十分難過，卻不知如何是好。

但就在緩衝期的那幾天，父親突然接到銀行的調職令，他被調到台北總行會計室，必須盡快前往報到。如此，竟然解決了這個台南住處與親友恩怨的難題。

風雨中的寧靜

母親除了為自己裁製新衣外，最大的樂趣就是為兩個小孩設計縫製童裝，直到因重新開辦縫紉教室，無暇太為我們打扮為止。這竟成了她退休前一生中最安逸悠閒的時光。

在接到台灣銀行的調職令後，父母親在一九四七年五月帶著簡單的行李北上，三妗也跟著來玩了幾天。母親小學畢業旅行時曾來過台北，不過對台北的景物沒留下什麼印象，倒只記得在火車上喝了生平第一次咖啡。而這次隨著父親北上，是第一次住到台北來。他們先住進青田街的台銀宿舍，也到附近的名勝遊歷一番，在草山北投留下身影（圖8）。

青田街的宿舍是日本式的老房子（圖9&10），結婚之後父母兩人總算有了一個完整的家屋可以住了，也是母親童年時搬離施順興堂老屋後，第一次住進一個完整的家屋。他們在這安寧的環境裡生養了第一個孩子，我的哥哥。四舅公的大女兒雲嬌表姑在一九四八年考上台大外文系，四叔也隨後在一九四九年考上台大醫科，都先後北上住到這裡，家裡一時還很熱鬧。母親則忙著生養第

8：一九四七年五月母親跟著父親調職北上，在草山留下身影。

9&10：一九四九年前後，父母住在台北市青田街巷子裡的台銀宿舍。

一個男孩，暫時無暇從事裁縫工作。何況初到台北，人生地不熟，顧客也不知如何找上門。不過在遷居台北時，她還是托運了一台裁縫車來，這是起碼的隨身工具，至少可以用來縫製自己與小孩的衣服。

台銀的青田街宿舍躲在緊鄰和平東路的一條橫巷裡，就只有兩戶。這兩戶的房子左右接在一起，院子卻是隔開的，形成一棟雙拼而各自獨門獨院的日本宿舍。父母親住進其中一戶，另一戶則也是新近調到台北總行來的嘉義人。他們猜想這兩戶原先可能住的是日本的老銀行員，光復後暫時留任直到這時才歸國，而得以空出宿舍來。（圖9&圖10）

母親回憶說，青田街的宿舍雖然不大，有三個大小不等，鋪著榻榻米的和室房間，卻是他們婚後第一個完整家屋。進門玄關右轉進去是有著「床の間」的大和室，他們把這個最大的房間作爲客廳兼主臥室。玄關左邊有一個小和室，則在雲嬌表姑媽來台北上學時住了進來。玄關後面較小的一間原作爲母親的工作室，放著台南帶來的裁縫車，後來四叔也北上讀書時就成了他的臥室。其他廚房、浴室與廁所則分別在屋後兩側，以一條屋簷下的長廊串起來。如此雖然幾個大人就把房子住滿了，對母親而言，這還是她從小接受日本教育，接著又一直在日式洋裁的環境中成長，第一次住進「麻雀雖小，五臟俱全」的日式房子。母親清楚記得這樣的房間格局，還畫出一個平面圖來。她又記得，院子裡靠大門處有一棵高大的月桃，每年都會開滿像劍蘭那樣的成串花朵。她對月桃記憶深刻，台南的各種民食像紅龜粿、菜粽（花生素粽）等都是特別要使用月桃葉的。（圖11）

青田街的各條巷子裡還有不少公家宿舍，他們對面就是台灣大學的。四叔曾回憶說，他住在青田街這裡時，對面就住著台大化學系教授錢思亮一家。那時他站在日式宿舍高起的地板上，視線還可以越過圍牆看到對面人家的生活起居。錢思亮一家也是後來才搬進來的，原先住的是日本教授一家人，也直到這時才離台回國。他們臨走時還送了母親一個素雅的陶器花瓶，以及一套酒紅色花紋的水晶玻璃瓶杯組，母親還保留至今。

母親記得，走出青田街來到和平東路，斜對面就是師範大學。然而往東方向的瑠公圳兩邊則還是一片稻田景色。日本據台後，先在台北城外今大安區一帶闢建出一片公教人員住宅區，再往東南方向越過瑠公圳東邊那片土地設立了台北帝國大學，而圍繞在這些公教社區周圍的則多還是瑠公圳灌溉的農田。這

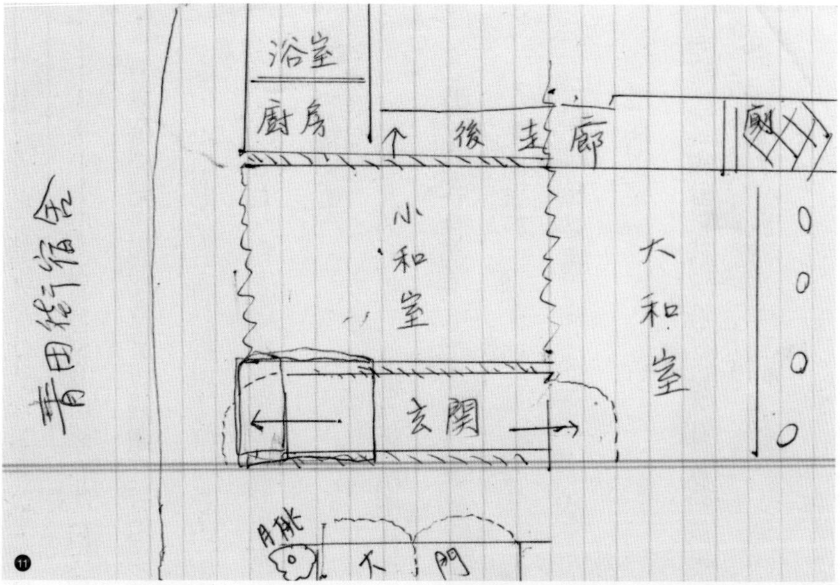

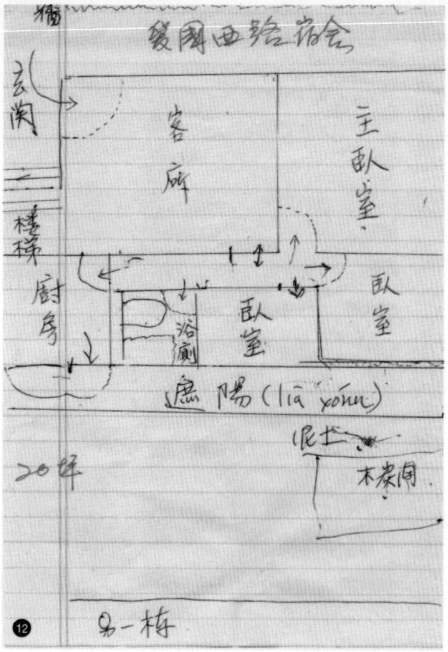

11&12：母親九十歲時手畫台北青田街與愛國西路台銀宿舍平面圖，依舊記得將近六十年前住過房舍的房間格局（文字為我依母親示意所加）。

樣的農村景象，到了光復初期父母親住在青田街時還到處可見。其實直到二十年後一九七〇年代初我就讀台大時，學校北邊現在的辛亥路所過之處也還有些殘留稻田。因此當父母親搬進青田街宿舍時，那種半是公教半是鄉野的居住環境是他們在台南城裡所不曾有過的。母親記得那時要到區公所辦理戶口遷移，還得走上一大段路。她記得進城到西門町那一帶得在和平東路搭公車，不方便也難得去。

一九四九年底他們在青田街住了兩年半，而第一個男孩出生也已半年之時，父親申請到台灣銀行在愛國西路新蓋的宿舍，就搬過去了。這新蓋的台銀宿舍區共有四棟木造的二樓洋房，每一棟都是雙拼兩層四戶的格局，共用玄關、樓梯與大門。在這總共十六戶人家裡，父母他們住的是右後方一棟的樓下一個單位。

由於新蓋，裡裡外外都較新式，而且家具基本齊全。母親回憶說，空間雖然不大，也有二十來坪，除了三個大小臥室外，還有個客廳，可說比青田街的日本房子更適合現代起居。只是廁所與浴室是放在同一個空間的美國式（現在所謂的衛浴間），而不像日式房子將這兩者分開得遠遠的。這些對他們來說都是全新的經驗，而且屋前屋後還有很大的庭院，環境比青田街舒暢許多（圖12）。於是全家大小五個人一起搬進去，包括四叔和雲嬌姑媽兩人。後來雲嬌姑媽搬到才落成的台大女生第一宿舍，而四叔也搬到台大醫學院宿舍去了。一年多後，我就在愛國西路的台銀宿舍出生。

母親回憶說，當她肚子懷著我住在這裡的時候，在產期將屆的最後一個月裡還摔過三次，幸好每次都平安無事。第一次是在屋子後院濕滑的泥土上，再一次是在浴室裡蹲著洗滌衣物時。最後一次最慘，她搭了一輛三輪車，車輪碰到一個窪洞時車軸突然斷掉，她遂整個人向前摔了出去。母親回憶說，那時她一心唸著阿彌陀佛，摔得鼻青臉腫，還好每次我都只在她肚子裡亂滾一陣而安然無恙。

父親自日據時代學校畢業之後，人浮於事、居無定所，換過多個工作，還羈留日本多年，戰爭結束前一年才回到台灣來。他的工作可說是到一九五〇年前後才算安定下來，愉悅的心情可以從這段期間他爲家人拍攝的不少照片上看出。愛國西路的宿舍靠近台北植物園，是父母經常帶我們兄弟倆去散步徜徉的地方，在那裡也留下了不少照片（圖13）。他們住的就在台北老城的南門邊上，

13：一九五〇年代之初，父親和小孩及同事在台北植物園留下一幅安寧景象。

比起青田街接近城中心多了，父親騎腳踏車到位於重慶南路的台灣銀行上班，路程不遠。

一九五〇年前後那段期間，正是國府在撤退來台，接著韓戰爆發後，展開對左翼分子的嚴厲整肅，可謂安寧與肅殺並存的時光。雲嬌姑媽回憶說那時在台大宿舍餐廳用餐時，不時會聽到某某系的某某同學不見了，四叔也曾提起在醫學院宿舍裡會有突如其來的宵禁。然而生活單純的父母親似乎並沒太感受到當時兵荒馬亂、風聲鶴唳的氣氛，倒是覺得一幅安寧祥和的景象。父親經常與同事們在假日到北台灣一帶遊山玩水，除了台北市內與近郊的景點如草山、烏來之外，還踏足羅東、蘇澳與台灣島最北端的石門。母親回憶說，那時公眾交通工具不很發達，她因帶著兩個小孩，大半時間就只在宿舍附近活動。住在愛國西路時，除了鄰近的植物園外，她還會帶著孩子沿著空曠寧靜的大馬路走到總統府一帶，再遠就是走到西門町了。她記得父親會帶著家人到西門町去吃「三六九」的小籠包，這是他們嶄新的味覺經驗——渡海而來的江南美食。

接觸到大陸風物，是他們來到台北的新經驗。美食只能算是其中一面，因為父親在台銀總行儲蓄部的會計室裡就有不少外省同事，他憑著幾年來的磨練，在那種環境中顯然使用國語與同事們溝通並無大礙，相處融洽，經常一起郊遊踏青。他們在愛國西路的宿舍區裡也有不少外省鄰居，母親回憶說，有一戶外省人家男主人會說日語，就以此互相溝通，樓上則住著一戶會說閩南語的福州人。

這時母親在帶著兩個小孩的穩定生活之餘，也重拾刀尺，重溫裁縫手藝，為自己與兩個小孩裁製新衣。她在這段期間發現了縫製旗袍的樂趣，學習如何設計與裁剪，將之加入她的裁縫圖樣資料庫裡，成為後來開班時的旗袍教學基礎。這段期間她為自己縫製了好幾件旗袍，適合春夏與秋冬的，父親也幫著照了不少相片，看來就像個張愛玲那年代的民國女子。母親在日據時代年輕時，曾與愛美的朋友因穿著那時從上海流行過來的新式改良旗袍上街，被日本警察罵「清國奴」，而覺羞辱不已。如今她總算可以穿起自己設計縫製的旗袍（圖14），而毫無禁忌了。

母親除了為自己裁製新衣外，最大的樂趣就是為兩個小孩設計縫製童裝。從那開始好多年，我們兄弟倆經常穿著款式一樣的衣服（圖15），直到她因重新開辦縫紉教室，無暇太為我們打扮為止，以致後來我只能繼承哥哥穿過的衣

14：母親在一九五〇年代初的安逸時光學習裁製改良式旗袍，恍若民國女子。

15：一九五〇年代初母親還未忙於縫紉教學時，總會為兩個小孩縫製同款童裝。

服。這段期間母親的裁縫技藝，除了在她自己與孩子身上外，也就沒有什麼發揮的機會，而這竟也成了她退休前一生中最安逸悠閒的時光。在台北居住的五年半裡，父母他們眞是過著難得的安寧日子，其間也只回到台南一次。

台北的安逸日子適可而止，隨著我們兄弟倆逐漸長大，脫離襁褓階段，同時因為母親生我們時都甚辛苦，父母他們也決定不再生育，母親遂又興起投入洋裁工作的念頭。畢竟她已經積累了將近二十年的洋裁手藝，那種親手縫製漂亮衣裳並將此手藝傳授給人的動力，早已化成血液在全身流著。母親想再開設洋裝店，甚至開班收學生。但是在台北人生地疏，只有回到台南家鄉才有可能，於是她慫恿父親去申請調職回台南來。

一九五二年底，父親接到了調職令，調回台銀台南分行，回到他們熟悉的老家所在，在台北前後五年半的安逸日子就此結束。父親調職回台南升爲課長，台南的老同事熱情地歡迎他回來，還調了一部黑頭車來車站接人。我們一家先搬進永福路上父親原來工作的貯蓄銀行舊址樓上暫住，不多久就遷入了府前路上台銀的日式宿舍，總算在家鄉開始有個像樣的居家生活，重新起頭。這時我還不滿兩歲。

母親回到台南，回到熟悉的生活圈裡，很多老顧客與親朋好友遂重新找上門來請她做衣服。然而這時她的企圖心更大了，在生養孩子之後，純粹爲人做衣裳不能令她滿足，熟悉的環境又讓她動起開設裁縫教室的念頭。於是心思單純的她思考著利用宿舍的客廳作爲教室，掛上黑板，布置幾張桌子，再備辦幾台裁縫車，就想開班招生了。

這是個非正式的洋裁教室，連名字都還沒取，更不用說去向政府申請什麼的了，也沒登報招生，就只利用親友與老顧客的耳語相傳，竟也招來了十多名學生，如此在一九五三年春天，母親在台南重新開啓了她此後四十年的洋裁教學生涯。

第四章

安身立命(1953)

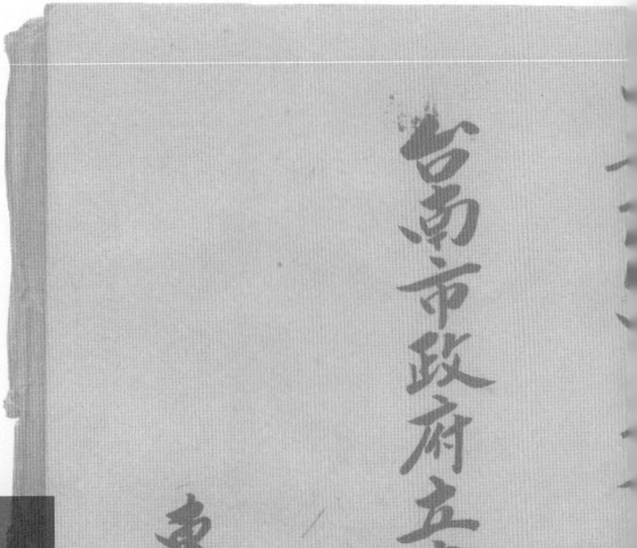

宿舍裡的草創

申請裁縫補習班的文件送進了市政府，申請立案地點即是宿舍地址。此後母親的裁縫教室就以速成、研究、上下午班這樣的家庭式規模正式開辦；並以「東洋縫紉短期職業補習班」之名沿用了四十年。

一九五三年春天，母親就在台南市府前路上的台銀宿舍招來一些學生（圖1），興致沖沖地重新開起洋裁教室來。她將原來寄放在四舅公那裡的幾台瑞惠時期老裁縫車搬回來，再購置一些桌椅，像是開個家庭補習班。而且剛開始也沒什麼學制，學費按月來收，也就會有學生半途退出，也隨時會有學生上門。整個還像是個師傅帶學徒那般，這樣搞了幾個月。

母親也理解到，像家庭主婦賺點外快的這種搞法絕非長久之計。然而她一向對公家的規矩與折衝敬而遠之，又幾乎完全不懂現代白話中文的書寫，要在光復後的新體制下申請出一個公家立案的正式裁縫學校，實在超乎她的想像與經驗範疇。幸好有個宿舍鄰居好心向母親介紹了她在市政府社會科工作的親戚，指點如何辦理申請事宜，才讓母親瞭解了整個繁瑣過程。

1：一九五三年春天母親在台南的宿舍裡重新開起裁縫教室的第一期學生，其中有不少是親戚朋友。

母親有日本東京洋裁技藝學院的畢業證書，也曾在日據時期開辦過簡單的洋裁教室（瑞惠洋裁研究所），因此具備足夠學歷和經歷來開辦。申請開設裁縫學校必須取個名字，母親與父親兩人商量結果取了個新名稱「東洋」。這個東洋之名，在母親的理解上是表示與西洋相對的東方之意，也有紀念她的母校東京洋裁技藝學院之餘味，她並不知道東洋之名在現代白話中文的語境裡已經變成了日本的指涉。然而不管如何，這東洋之名比起瑞惠，在那時想學洋裁的台南女性裡是響亮許多的。

此外，光復之後這些正式教育體制外的社會教育學校，也不再稱「研究所」，而全部歸入補習教育的範圍，叫作「補習班」，於是在申請書上就照章提出了「東洋裁縫短期職業補習班」這麼一個名稱。這個「短期職業補習班」的新訂名稱涵蓋了所有傳授手藝與技術的各種正式體制外教育，包括裁縫、插花、美容、駕駛等等，不一而足。

本來「補習」一詞指的是在學校的正規課程裡已經學了，但沒學好或學得不夠，下課後再去「補充學習」之謂。譬如很多學生覺得學校裡教的數學、英文不完全，晚上再去文理補習班上課，都與升學或證照考試有關。而像裁縫這種技藝在正規教育體制內，就只象徵性地存在於女生的家事課裡，本就沒充分施教。在正規學校體制外，要學裁縫就得從頭學起，並無所謂補習問題。然而光復之後，在現代白話中文的語境裡，所有這些屬於技術與手藝的教學，或許是為了官方管理上的方便，卻全部歸入「補習教育」一詞，提供這類教學的體制外學校遂全部叫作「職業補習班」這個名不正言不順的名稱了。

申請裁縫補習班的文件撰寫就靠父親一手包辦。父親從幾年來的銀行歷練中學會了一些現代中文的書寫，如今只要有人指點並有範本參考，撰寫申請書就不會太困難了。他也寫得一手好字，用毛筆小楷兼刻鋼板，編纂出厚厚一疊申請文件（圖2&3），五月間送進了市政府，申請立案地點即是宿舍地址。市政府在七月十一日回文核准立案，對地址與設備沒有意見，顯然那時管得不嚴，不過卻將補習班名稱的裁縫兩字改成了縫紉，原來縫紉一詞才是現代白話中文的正式用法。此後母親的裁縫教室遂以「東洋縫紉短期職業補習班」之名沿用了四十年。

當母親在一九五三年五月間將申請文件送進市政府的時候，她的第一班學生也結業了。這一班前後有十多個學生，其中包括幾位親戚，像待字閨中的四

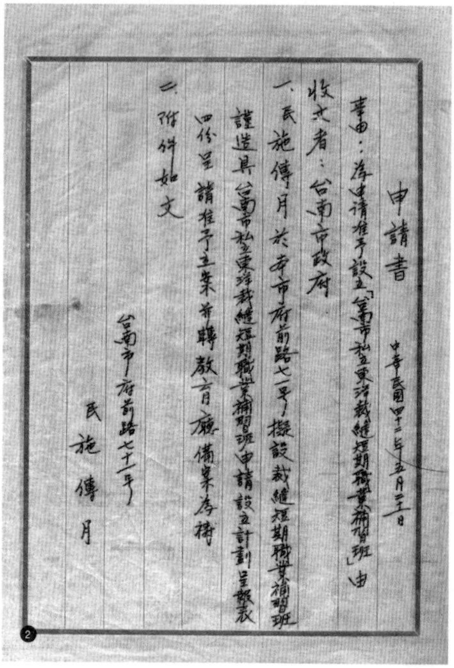

申請書

中華民國四十二年五月三十日

事由：為申請准予設立「台南市私立東洋裁縫短期職業補習班」由

收文者：台南市政府

一、民施傳月於本市府前路七十一號擬設裁縫短期職業補習班謹造具台南市私立東洋裁縫短期職業補習班申請設立計劃呈報表四份呈請准予立案并轉教育廳備案存轉

二、附件如文

台南市府前路七十一號

民 施傳月

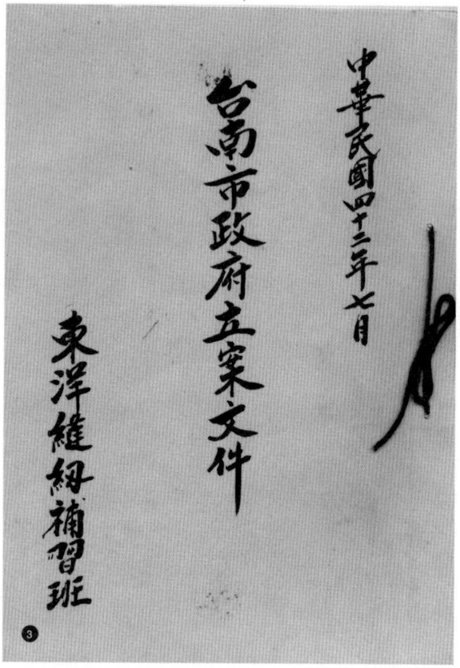

中華民國四十二年七月

台南市政府立案文件

東洋縫紉補習班

2 & 3：父親手寫的東洋縫紉補習班申請書第一頁與核准文件卷宗封面。

姑媽以及已有兩個男孩的秀蓮表姑，還有母親請來幫傭的農村少女阿菜。在第一期學生的畢業紀念照裡（圖1），拍攝背景就是宿舍房子的門口。母親坐在前排正中，傭人阿菜站在後排最右邊，四姑坐在前排右二位置。戴眼鏡的秀蓮表姑帶著她的兩個與我們兄弟同齡的兒子，坐在前排母親旁邊，她可能是天天帶著兩個小孩來上課的。我們兄弟倆也穿上了母親做的同款花樣的衣服參加照相。一位當時不克參加照相的學生要求照相館補上她的大頭照，就放在左上方。整張相片看起來還眞像個家庭聚會。

母親在決定開設縫紉補習班時就知道她無能兼顧家事了，還好兩個小孩都已脫離襁褓，只要請人來負責燒飯洗滌打掃等家事勞務即可。那時台灣經濟尚未大有發展，農村女孩來到都市除了在建築工地當塗水師傅的助手外，大半就是到人家裡幫傭，其中還有不少不識字的。阿菜是母親開設縫紉補習班之後第一個請來的傭人，來自高雄路竹，跟了我們好多年，擔任了我上學前的大姊角色。

母親在請她來時就確立一個原則，請來幫傭當然以家事爲第一要務，但我們家人口簡單，傭人其實會有不少空閒時間，因此母親允許她們在家事之餘跟著學裁縫，這對她們本就有很大的吸引力。而母親也有些烹調手藝，要滿足台灣男人與男孩的口腹，她也必要傳授與督促傭人每餐的菜色。因此來家幫傭的年輕女子除了學得裁縫技藝外，還學會些烹調手藝，增加不少她們的待嫁身價，其中有幾個還是做到出嫁時才離開我們家的。

立案申請書在七月十一日批下來了，除了核准成立並將裁縫改成縫紉兩字外，對父親所撰寫的組織規程與教學課程也有所修正。其中父親原先在撰寫課程表時還照範本排上了三民主義、國語、歷史等課，參考書還包括標準國語辭典與三民主義淺說之類的書籍，但後來都塗掉了（圖4）。顯然市政府的承辦人員也明白，在這種體制外的社會補習教育上，這些課是不可能上的。何況除了學生的學歷程度不一外，母親自己也不會說國語，更不可能另外請人來教。

於是正式的課程就只有與裁縫相關的，除了基礎縫紉法外，母親將她多年來的經驗整理出一套來，具體學習裁製嬰兒裝、童裝、婦女的內襯衣裙、西式套裝、旗袍、長短大衣、宴會禮服、結婚禮服等洋洋灑灑。這些課程除了基本的講解、製圖之外，還有實習時間。學生從周一到周六每天在上午或下午上課三個小時，並以三個月為一期，將入門的基礎課程歸入「速成班」，而將進階的歸入「研究班」，從頭到尾可以在六個月的時間內學習完畢（圖5&6）。這

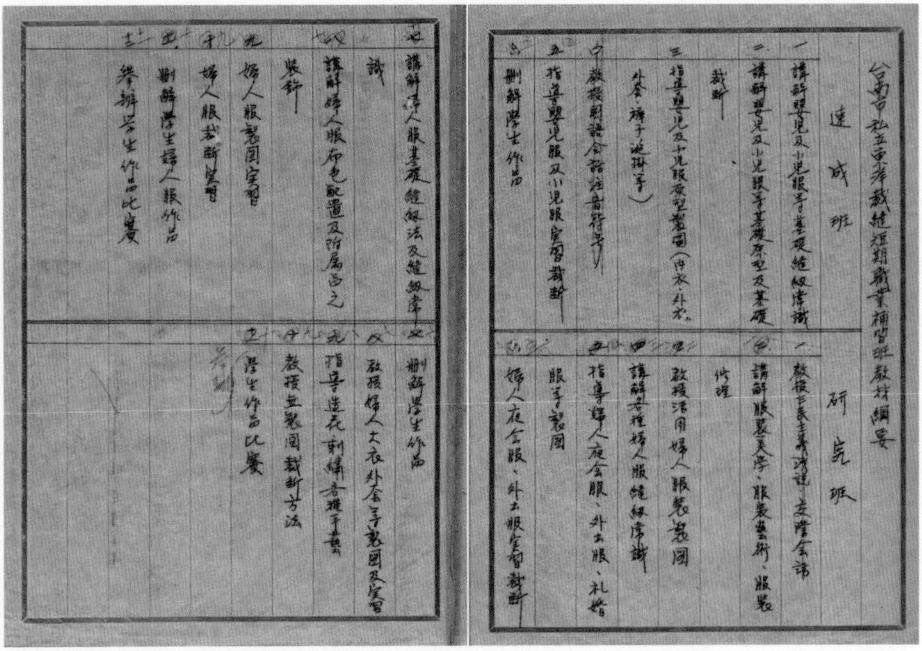
台南市私立東洋裁縫短期職業補習班教材綱要

速成班

一 講解嬰兒及小兒服等基礎縫紉常識
二 講解嬰兒及小兒服等基礎原型及基礎裁斷
三 指導嬰兒及小兒服原型製圖（內衣、外衣、外套、褲子、涎掛等）
四 教授國語會話注音符號
五 指導嬰兒服及小兒服實習裁斷
六 刪解學生作品
七 講解婦人服基礎縫紉法及縫紉常識
八 講解婦人服布色配置及附屬品之裝飾
九 婦人服製圖實習
十 婦人服裁斷實習
十一 刪解學生婦人服作品
十二 舉辦學生作品比賽

研究班

一 教授三民主義詳註、交際會話
二 講解服裝美學、服裝藝術、服裝修理
三 教授活用婦人服製圖
四 講解各種婦人服縫紉常識
五 指導婦人夜會服、外出服、禮婚服等製圖
六 婦人夜會服、外出服實習裁斷
七 刪解學生作品
八 教授婦人大衣外套等製圖及實習
九 指導造花刺繡等雜手藝
十 教授立體製圖裁斷方法
十一 舉辦學生作品比賽

4：一九五三年五月母親申請縫紉補習班立案提出的教材綱要，還有塗掉的三民主義等課程。

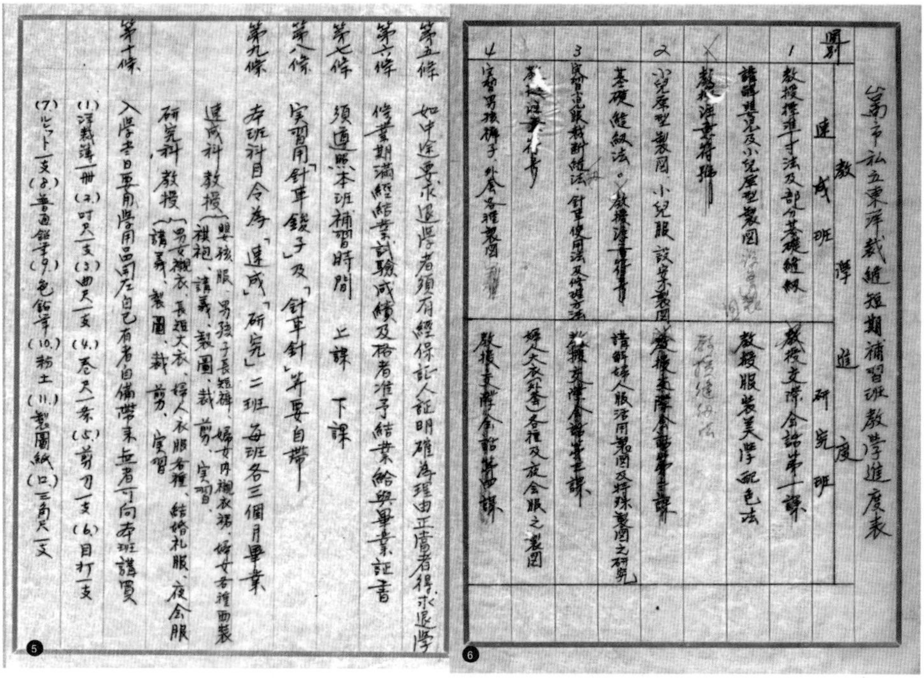

第五條 如中途要求退學者須有經保証人證明確為理由正當者得求退學

第六條 修業期滿經結業試驗成績及格者准予結業給與畢業証書

第七條 須遵照本班補習時間 上課 下課

第八條 實習用「針車鋑子」及「針車針」等要自帶

第九條 本班科目令為「速成」「研究」二班 每班各三個月畢業

速成科教授〔嬰孩服、男孩子長短褲、婦女內襯衣裙、婦女各種西裝祺袍、講義、製圖、裁剪、實習

研究科教授〔男女襯衣、長短大衣、婦人衣服各種、結婚礼服、夜会服講義、製圖、裁剪、實習

第十條 入學者日要用學用品左自己有者自備帶來無者可向本班講買

(1.)洋裁講一冊 (2.)吋尺一支 (3.)曲尺一支 (4.)卷尺一条 (5.)剪刀一支 (6.)目打一支

(7.)ルレット一支 (8.)普通鉛筆 (9.)色鉛筆 (10.)粉土 (11.)製圖紙 (12.)三角尺一支

台南市私立東岸裁縫短期補習班教學進度表

週別	速成班	研究班
1	教授標準寸法及部分基礎縫級	教授交際会話第一課
	講解嬰兒及小兒原型製圖	教授服裝美學配色法
	[illegible]	教授縫紉法
2	小兒原型製図、小兒服設定製図	[illegible]
	基礎縫級法。[illegible]	講解婦人服活用製図及特殊製図之研究
3	實習小兒服裁斷縫法、針車使用法及修理方法	[illegible]
	[illegible]	婦人大衣(外套)各種及夜会服之製図
4	實習男孩褲子、外套各種製図	[illegible]

5 & 6：在縫紉補習班成立宗旨第二頁（左）與教學進度表第一頁（右）上面，明列將教授的各種服裝款式，包括大衣和旗袍，不相干的課程如會話課就塗掉了。

些班別名稱與時間長短都是依據當時政府的規範而訂的。

在一九五三年七月的立案申請書批准下來後，就馬上要以速成、研究、上下午班這樣的規模來正式開辦。然而開辦之初學生其實不多，還只能是個家庭補習班的規模，若照這些官定的規矩來分班，往往一班只得一二個學生，因此也只能將就湊數，學生程度參差不齊，只能個別應付。還好隨著正式開班，有制度可循，也就慢慢上了軌道。

尋找安身立命的所在

為了完成她青春時期的生命憧憬，母親決心留在台南承擔一切。但是在不得不搬出銀行宿舍之後，她徒有一張補習班立案執照，卻連自己一家人的住處都沒著落，還談什麼教室呢？

母親原來盤算回到台南後可以在此安定下來，才會想開辦縫紉補習班的。沒想到就在補習班草創之時，父親突然又接到了調職令，要將他調到台中去，這時距他回台南工作尚未滿一年。與此同時，母親也風聞有人將去向銀行上頭檢舉，說父親利用公家宿舍開補習班。使用銀行宿舍作爲教室總會招來物議，本非長久之計。然而檢舉與調職兩件事接連發生也是有其特殊原因的，父親的脾氣竟不能投合台南的當權派之所好，甚至起了爭執，而這些當權派竟還與他有著親戚關係。於是在回到台南短短不到一年時間，他就被調往台中了。

母親本來回到台南來就是爲了能一展所長，開辦了縫紉補習班，如今補習班才草創，一切尚未就緒，父親卻又被調職了，眞是造化弄人。若要隨著父親到台中去，就必得放棄剛申請到的執照，把補習班收了。母親不甘心就此罷手，繼續當個家庭主婦，她決定留下來，不跟父親走，另找地點繼續開辦這個剛成立的補習班。這是母親生命中的另一個重大抉擇，她有兩個年幼小孩要帶，同時大部分時間將沒有丈夫在旁協助，必須一個人獨自面對開設這麼一個小事業而來的種種問題。爲了完成她青春時期的生命憧憬，她還是決心留下來承擔這一切。（圖7）

然而這時補習班的教室成了最大的問題。在搬出宿舍之後，母親可是徒有一張立案執照，而連自己住的地方都沒有的，還談什麼教室呢？何況母親知道

7：一九五三年縫紉補習班初創時的母親，面臨收攤離開或獨立堅持下去的抉擇。
這張照片攝於我們住不滿一年的府前路台銀宿舍裡。

她拿到的這張立案執照是應該有個規模與制度的職業學校，而不能只是將就利用家裡的客廳空間，像在搞家庭補習那樣。就是說，要留在台南繼續她的洋裁事業，就必須有個符合那個補習班章程所立下規模的教室空間，而且還要符合我們全家人的居住需求，這是她能留在台南的一個必要條件。這時我們全家人除了父母與我們兄弟以及一位傭人外，還有祖母和待字閨中的四姑媽，她們在我們遷回台南搬進府前路的台銀宿舍時，也來與我們一起住了。於是父親在理解了母親的決心與想望之後，開始在台南老城一帶尋找這樣的空間。

母親必須在老城裡尋找這樣的空間，因爲這裡是親友遍布的最熟悉之地，可以成爲她的安全依靠。然而台南老城裡街巷狹小，房舍擁擠，房價相對也高，是最難找到適合空間的區域，就只能碰運氣。父親利用下班與週末的時間四處尋覓，也託仲介尋找，結果竟在原來的末廣町銀座大街南邊，靠近台南神社的小巷子裡，舊名叫樣仔林的地方，找到了一棟正要出讓的房舍，格局與規模正巧適合。

這是一棟三十坪大、坐東朝西、大致方正的灰瓦平房，就樣式而言既非傳統老宅，也非西式建築，應該是日據時期台灣人發展出來的一種東西式樣並存的常民房舍。（圖8）它臨街的一邊比進深稍長，分出三個開間，因巷道彎曲，北開間比南邊的稍長。大門朝西設在中間，正對一條往西的巷子。因地勢關係門口有個小階梯，接著是個有遮陽棚的小前庭。前庭後面的中央開間先是一個可作爲客廳的房間，再接一個小臥室。南邊開間主要是個有臨街窗子的大房間，最後面則有個小浴室。北開間前面有個小廚房，接著是間大臥室。臥室前半鋪著方塊紅磚地板，後半則是叫總鋪的傳統大通鋪。而最後面還有個小廁所，必須經由後走廊才能進出。這條南北貫通的後走廊，南接浴室，北通廁所，有如日本房子浴廁分開兩端的格局。這麼一個格局與大小的房舍眞是太適合縫紉補習班，以及全家人居住的需求了。母親思量著南邊的大房間正好作爲製圖教室，中間的客廳作爲學生實習室，後邊的小臥室可以給祖母、四姑以及傭人住，而左邊的總鋪房則可作爲我們一家人的客廳、臥房兼她的工作室，其他廚房浴廁俱全，出入也算方便。而且地點又位於市中心一帶。這樣的一棟房舍對於草創初期、學生不多的縫紉補習班眞是太理想了，母親心想這眞是天賜之物。

但是屋主對這天賜之物開價三萬元。在一九五三年這是筆不小的數目，而

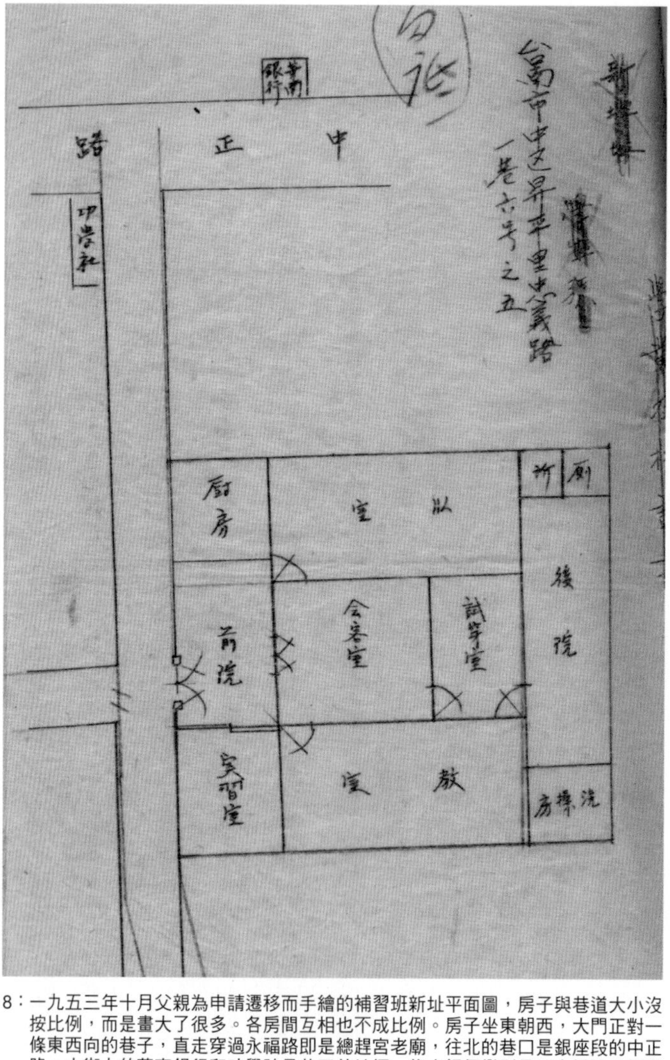

8：一九五三年十月父親為申請遷移而手繪的補習班新址平面圖，房子與巷道大小沒按比例，而是畫大了很多。各房間互相也不成比例。房子坐東朝西，大門正對一條東西向的巷子，直走穿過永福路即是總趕宮老廟，往北的巷口是銀座段的中正路，大街上的華南銀行和功學社是巷口的地標。往南拐個彎則是祀奉媽祖的朝興宮，再轉個彎又是台南神社／忠烈祠。

且只是房舍的價錢，不包括尙屬公產的土地。父母他們倆本就無恆產，父親當時的薪水也存不了什麼錢。在本身未有事業、缺乏信貸條件的情況下更不可能向銀行借貸，也未能起會來取得資金，就只剩下民間借貸一途。這時母親唯一的無形資產只是那麼一張補習班立案執照，能否經營成功尙在未定之天，因此別人很自然地對母親的企圖不會看好。

幸好有一位竟然慷慨出手，他是阿花姨的公公，街坊稱呼英爵伯的賴家長老。母親回憶說，那時她託堂妹去向英爵伯說項，英爵伯知道她是爲了開辦縫紉補習班而需要資金，即二話不說答應幫忙。母親後來常提起她是遇到了貴人，會對她有信心。母親用這三萬元買下這棟房舍之後，另外還有稅金及開辦時需要備辦的其他開銷，就由父親賣了腳踏車與收音機來補貼。還好他也即刻就要前往台中報到，一時無需腳踏車了。

躲在現代容顏背後的樣仔林老民居

小巷裡是日據時期市區現代化改造下子遺的傳統社區，
躲在大街上雄偉的現代建築表層後面。也正因如此，
不少現代化了的市民家庭與行業也慢慢滲了進來，譬如母親的縫紉補習班。

這棟作爲母親縫紉補習班新校舍兼我們住家的舊房子，位於如今是中正路銀座段的一條巷子裡，但那時掛的門牌卻是忠義路一巷，這是因爲這條巷子往另一頭左拐右彎碰到忠烈祠後，也就繞到忠義路了。後來在一九六〇年代門牌整編時，這裡重新編爲中正路的巷號。這樣的重編看似較爲合理，卻也抹去了它原來從屬於忠義路那條老街的歷史信息。

忠義路原是從台南城裡一條南北向的好幾段老街連結而成，根據光緒年間的老地圖，它從北到南包括打銀街、上横街、五帝廟街、安海街、樣仔林街等段落。這條前清老街原來也是如中國傳統老街那般彎彎曲曲，而非像現代大馬路那樣筆直，樣仔林與安海街就是其南端平行而緊鄰的兩條，再往南跨過福安坑溪則是連横老家所在的馬兵營，往東則與海東書院及孔子廟接壤。（圖9&圖10）

日據時期這條南北向老街坊先被拉直拓寬，並被重新命名為白金町，成了日本移民首先進駐的時髦之街。而後台南州廳又在其南端的檨仔林一帶徵收大片土地，用來闢建台南神社及其外苑。那時白金町這條拓寬了的新馬路還是檨仔林老民居緊鄰的大街，因此它的房舍編號就附屬於白金町。最後台南州廳在這片老宅中開闢出東西橫貫的一條全新的末廣町，但還是並沒改變檨仔林老房舍的原有編號系統。

光復後，白金町改名忠義路，繼續維持著這套舊的巷道歸屬系統，隱約保留著這個歷史聯繫，而檨仔林一帶則取名昇平里。然而在一九六〇年代的門牌整編時，市政府將這一帶原屬忠義路的門牌都改編為中正路的巷號。這個重編除了引起地址改變的一時不便外，其實大家都還蠻滿意的，因為如此一來地址就呈現了台南的最大一條街中正路，這條闢建於一九三〇年代、原叫末廣町的現代大街的名稱。這個改名對居民而言在實質上與心理上都有著莫大的附加作用，即使檨仔林依舊只是隱藏在這些大街現代高樓後面的傳統老巷弄，而且彎彎曲曲寬窄不一，連小發財車也進不了，如同台南城裡的大半老街坊巷弄那樣。

檨仔林的這一片老巷弄在一九五〇年代都還是老舊房舍，其中有些還是前

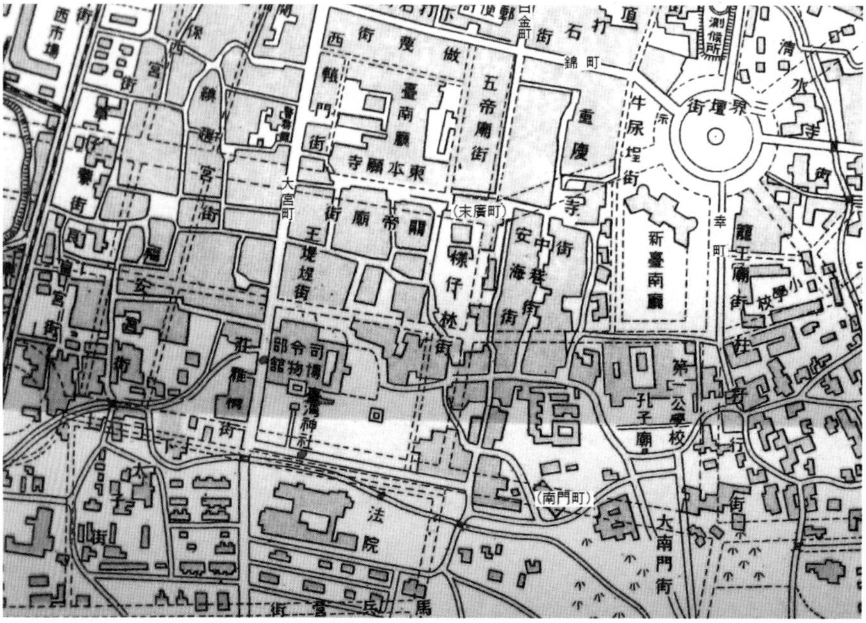

9：一張一九一五年出版的《台南市全圖》的局部，此時正值市區改正前，老街坊如樣仔林、重慶寺、馬兵營、總趕宮等都還在地圖上看得到，而白金町、錦町等日式街名則尚未出現。新式的大正公園圓環、郵便局、台南州廳以及法院則已建成，穿過老街坊的虛線則是計畫開闢的現代馬路，如末廣町、南門町。（黃天橫先生提供。日本町名為作者所加）

10：一九一〇年代的台南大正公園圓環一帶空照圖，兩條向右輻射出的新馬路，上面是大正町（中山路），下面是清水町（青年路），輻輳的中心（圖上方偏左）即是大正圓環公園，圓環左側是新蓋的台南州廳，州廳的左下方向即是樣仔林一帶了。圖右下方空地上的三間大房子是東市場，圖左下有廣場的廟宇建築應是奉祀媽祖的銀同祖廟。整張圖還可看出是老街蜿蜒的傳統格局。（三尾良次郎攝影。圖上文字說明為作者所加）

清時期遺存下來、破落的土角厝，巷道也還是泥土。我們搬進的這老屋朝西正對著一條三叉巷，從這條小巷朝西走，蜿蜒穿過永福路後就鑽進台南老廟總趕宮的地境。從我們的新居往南經過朝興宮媽祖廟後可以走到忠烈祠，沿著其圍牆邊的小土路還有一條沒有加蓋、長滿野草的大水溝，後來才知道是福安坑溪尚未加蓋的一條小支流。從我們家往北則直通中正路，走出這巷口看到的卻是大馬路與成排的現代樓房。在這巷口一邊是功學社，另一邊的樓上長期進駐著美慕里照相館，這裡的風光與巷子裡面的環境呈現出頗為不同的風貌，有若時代之隔。

祀奉媽祖的朝興宮是樣仔林這一帶的境廟，只有一進的小格局，侷促在離我們家只有數步之遙的巷弄轉彎處。後來我才知道祂原是位於神社/忠烈祠那塊土地上的，據說還是個格局恢弘的老廟，屬於台南城裡老媽祖廟之一，卻因為日本殖民政府在一九二〇年徵地闢建台南神社而兩次被迫往東遷移。先是搬到孔子廟旁，即現在的忠義國小一帶。到了一九三五年，又因要在那裡闢建神社外苑而再次遷移，搬到更東邊的銀同里一帶，去與也是祀奉媽祖的銀同祖廟合祀。這座合祀的銀同祖廟卻在一九四五年的美軍轟炸中毀損了。在光復後民間信仰重新開放的氣氛下，朝興宮的管理委員們在一九四六年決定將媽祖婆遷回到樣仔林老家。這時神社已改爲忠烈祠，原廟所在之地已經回不去了，他們只好在其北邊的這條小巷弄裡選定了這個最後的落腳處，重蓋新廟。雖然新廟在這裡只能侷促一隅，卻終於能安穩地掛上了樣仔林朝興宮的牌匾了。

朝興宮在這個遷徙過程中還帶著另一尊神祇——保和宮的池府千歲。保和宮這王爺廟原是緊接著樣仔林南邊的馬兵營的境廟，也是當初在日本殖民政府於一九一二年在馬兵營一帶徵地蓋法院與監獄時，先是被迫暫時寄居到位於北鄰那時尚未被動到的樣仔林朝興宮裡，而後在台南州廳展開的一系列市區改造所擴建的神社與外苑計畫下，遂與朝興宮的媽祖婆一道一路搬遷，最後一起落腳在我們這個小巷子裡。保和宮的池府千歲也回不去如今已被全面翻新成現代法院、大酒店、大百貨公司的馬兵營，只能繼續爲樣仔林居民所奉祀了。（圖11＆12）

光復後遷來的朝興宮雖然侷促，還好有個小廟埕，也有棵大榕樹，就成了這一帶居民的活動中心。各種節慶、演戲與里民大會都在這裡舉行，也不時會有挽面女師在幫阿婆們做臉，或爆米花師傅來表演這招傳統行爲藝術。廣場角落有個老式的手搖唧筒，將地下水抽上來，成了廟旁那幾戶人家大人洗滌、

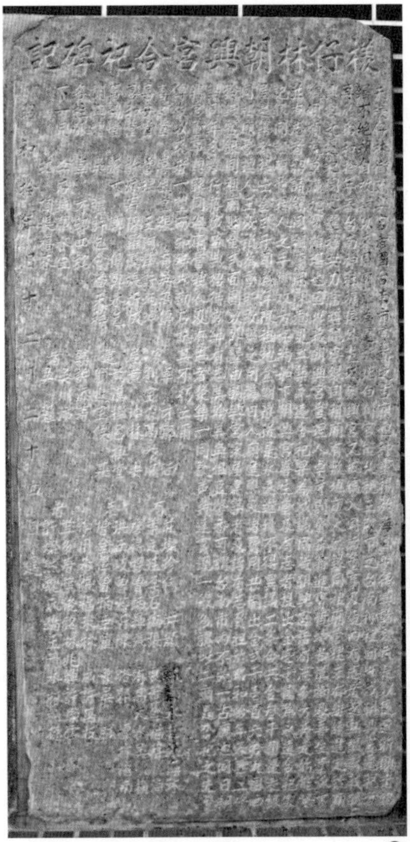

11：立於一九三五年的石碑「樣仔林朝興宮合祀碑記」，記載此廟建於康熙年間，原是台南「顯赫之古廟也。……朔自改隸以來，同廟址為改建故北白川宮能久親王殿下之台南神社，因此我朝興宮遷祀者，再於昭和十年春台南神社擴張外苑又被編入……」等一再被迫遷移的歷史。昭和十年（一九三五），朝興宮往東遷到延平郡王祠附近的城隍街，與那裡傾頹的銀同祖廟共同重建合祀廟宇，因而有此碑記。然而這座新廟卻在二戰空襲中遭炸毀，於是戰後朝興宮還是回到樣仔林覓地重建了自己的廟宇。在這過程中，也是被迫遷移的馬兵營保和宮的池府千歲一路相隨，至今仍同祀於此廟宇。

12：經過數次遷移與改建後的朝興宮與保和宮，如今小廟埕裡的招牌。

小孩洗澡的地方。小廣場旁曾有一家鐵工場，就貼著我們家後牆，也經常利用廣場空間暫時擺放他們的鐵工材料。而最熱鬧的是迎神賽會了，尤其是台南的「迎媽祖」節慶，神轎隊伍就從前一站總趕宮那裡沿著老巷弄蜿蜒而來，整個小巷子裡鑼鼓喧天，鼓吹高鳴，硝煙瀰漫。然後又是小廟埕上連夜搬演的野台歌仔戲，黃昏時刻就有很多小孩與阿婆搬著凳子，從各分岔的小巷弄裡湧出，來到戲台前占位子。

這是個傳統老社區的常民脈動，有別於大馬路上的現代氛圍，卻只不過是一條小巷子的距離。台南老城裡，在日據時期闢建或拓寬的現代馬路所圍起的方格裡面，就隱藏著無數的這種老巷弄、老房舍與老廟宇，以及各色各樣的老居民（圖13）。樣仔林以朝興宮爲中心的這一帶，在一九五三年母親的縫紉補習班進駐時，基本上就是這麼一個老民居的社區景況。

在一九五〇年代我的童年時光，鄰居住著各色各樣有著泉州淵源的工匠與小商販。北鄰是家木屐工場，他們對面那戶人家則在市場裡擺小吃攤。往南朝媽祖廟那邊走，先是做紅龜粿等民食的作坊，接著廟口除了那家鐵工場外，還有兩家做碗粿的作坊與兩家印刷廠，繼續走到忠烈祠側門之前還有一家竹器工

13：隱藏在現代馬路方格裡的台南老巷弄與老廟宇。

坊，製作各種竹椅、竹桌、嬰兒車等。往西的巷子先是有一位老師傅幫巷口的功學社手工製作運動員穿的皮面跑鞋與釘鞋，再來有小裁縫鋪、小文具廠、在巷口擺攤的人家、金子首飾工坊等。還有一家在製作老式無電冰箱，那位蔣姓師傅總是蹲在門口，用木頭與鋁板手工打造前電器時代那種需要自備冰塊來降溫的老式冰箱。那邊還有一座小廟——關帝廳，如此小工場、小作坊與小廟宇等交錯散布。（圖14）

這是日據時期市區現代化改造下孑遺的傳統社區，然而就躲在那些大街上雄偉的現代建築表層後面，從大街上覓個小巷子鑽進去即可看到這麼一種不同的景象。然而也因爲被現代大街的建築圍在裡面，不少現代化了的市民家庭與行業也慢慢滲了進來，譬如母親的縫紉補習班。我們家搬進來時，巷弄裡已有了一家代書、一家善化醫生在台南的居所，以及一戶在中正路上租店面開鐘錶行的外省人家等等可以稱爲現代中產人家，就混在這些老居民之間，可說呈現著一幅行業新舊並存、收入有所差異、文化也各有千秋的景象。（圖15）

14：如今檨仔林巷弄裡新老房舍並存，這家掛著合境平安燈籠的老房子原是做老式冰箱的，周遭已全改建洋樓，他們後輩如今從保和宮分香當了爐主，門口還插著一面令旗。

15：檨仔林通往中正路巷口的今日景象，前面巷口上高樓即是舊銀座段的大樓背面。

落地生根，站穩腳步

母親回想整個找房子與借貸的過程，還得一面教洋裁、做衣服與帶孩子，總說是天賜良機，「船到橋頭自然直」。而等到這一切都成了現實，卻是她要開始獨自承擔的時刻。

父母他們在一九五三年十月選定一個黃道吉日，將縫紉補習班搬進了樣仔林這樣一個老街坊，我們一家人也跟著住進去。這時我尚未滿三歲，還不太有記憶，母親說我們兄弟倆幫不上忙，但也幫著扛了一根竹竿從台銀宿舍走到了樣仔林新居，母親記得這天正是雙十節。而父親將這老屋新居安排妥當後，過幾天即帶著簡單的行李搭火車北上，前往台銀的台中分行赴任。

那天母親帶著兩個小孩送父親到車站月台，她幫著父親提行李上車，在車上耽擱了一下，火車就起動了。母親回憶說，在她還沒來得及跳下車之前，等在月台上的我們兄弟倆，看到火車啓動，卻不見母親下來，以為要棄我們而去，已經放聲大哭了。母親及時跳下車來，一邊安撫一邊帶著我們倆回到樣仔林的新居。她心裡明白除了帶這兩個孩子外，此後的大半時間也將一個人應付已經開辦了的這個縫紉補習班。父親將只有在週末才能回家，就是星期六下午從台中回南，而在周一清晨又得匆匆趕回台中上班。

母親回想這整個找房子與借貸的過程，總說這是天賜良機，而那時她也一天到晚都在教洋裁、做衣服與帶孩子，忙得沒空去爲這些事憂心，總以爲船到橋頭自然直。而等到這一切都成了現實，卻是她要開始獨自承擔的時刻。但是不管如何，搬進了樣仔林這棟老屋新居之後，母親總算有了一個屬於自己的教學空間，眞正重新開始了她所熱愛的洋裁教學事業。這年她說是三十六歲，實際滿三十四。

她將南邊的長方形大房間作爲主要的教室，黑板掛在最裡面牆上，左右兩排每張可坐三人的新桌子前後排列，總共可坐上三、四十個學生(圖16)。居中的房間則作爲學生實習之用，中間擺著原屋主留下來的四張一組拼成的舊乒乓球桌，正好可以作爲裁剪用的大桌，兩旁靠牆排列著縫紉機。這樣的空間在草創之初學生不多的情況下原是相當足夠，然而不出數年學生激增，空間立顯侷促，母親遂把中間後面的小總鋪房改造成半樓，騰出一樓層面併入前面的學生實習空間。還好老屋的屋頂都蠻高的，改成半樓格局後還勉強兩全其美。這時

16：一九五〇年代東洋縫紉補習班的教室一景，母親講解，助教幫忙在黑板上畫圖。

17：一九五〇年代我們搬進樣仔林新居初期，春節時全家（包括祖母與四姑媽）在門口合照，三姑媽也帶著兩個小表弟從高雄回娘家來。

四姑媽已經出嫁，祖母與傭人則要辛苦些上下小樓梯。而我們父母小孩四個人就住在北邊的總鋪房，客廳以及母親幫人做衣服的工作間也全擠在這裡。我那時年紀小，只覺得整天周遭都很熱鬧，並不覺得擁擠。

在此後母親忙碌的洋裁教學日子裡，尚未上幼稚園的我，就經常跟著祖母四處串門子訪親友、到戲園子看戲。而後我就開始天天自己一個人往東南方向走到忠烈祠的巷口，再穿過兩個大馬路口，到大南門邊去上第一幼稚園。接著則往北走出中正路巷口，越過馬路到另一方位的永福國校去上小學。在那個純眞年代，似乎沒有家長需要顧慮到小孩子的上下學安全的。而在我童年到少年的成長期間，躲在現代廣廈背後的檨仔林這老社區，竟也能提供其子弟很不錯的學校環境。因此，永福國校的同學可說來自三教九流，有住在大街上而將成爲台灣大企業主的子女，也有侷促在老巷弄裡的老工匠的子弟。直到上了初、高中，需要騎腳踏車到城外郊區上學，才不再在學校裡感覺到台南老城的味道。

如此過了三年之後，父親又被從台中調到嘉義。然而母親的縫紉補習班事業已在這裡站穩腳步，而不受影響了。（圖17）

第五章

打拚歲月（1953~1960）

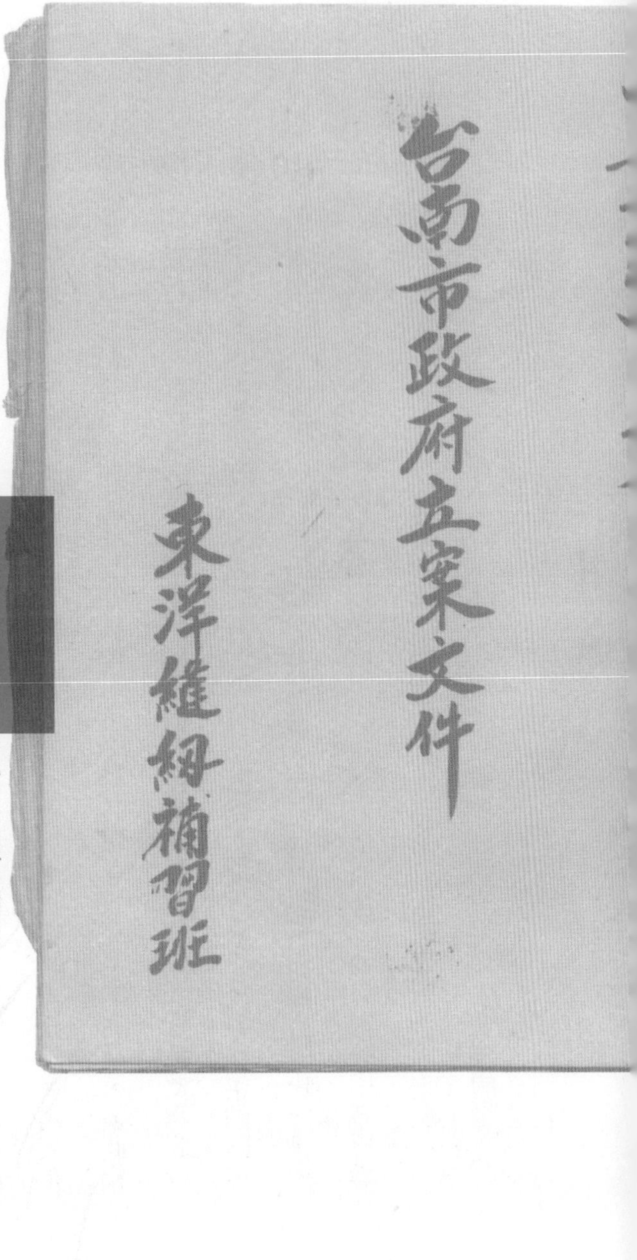

量身訂做的時代

光復後，布店與裁縫店是分工的，從此台灣婦女服裝需求的滿足，需要從逛布店開始，而最終完成於一位特別託付、有名有姓的裁縫師之手，每件都是量身訂做。當然，這些洋裝是從最簡單的到最繁複的，最便宜的到最奢華的，所在多有。

一九五三年是國民政府撤退來台之後，站穩腳步重新出發的一年。這年七月韓戰正式結束，雙方在朝鮮半島北緯三十八度線的板門店簽署停戰協定。隨著冷戰局面的確立，台灣的外在形勢大致底定。同年十月，國民政府幾年來在農村實行的土地改革，包括三七五減租與耕者有其田等政策基本完成，與此相配合的對台灣島內左翼力量的殘酷肅清也告一段落，內部政治局面就此穩定下來。而台灣戰後的經濟在二十世紀五〇年代初控制了通貨膨脹，並恢復到戰前的最高水平之後，國民政府也於一九五三這一年進而展開第一期經濟建設計畫，以進口替代政策開啟了此後半個世紀延續不斷經濟發展的第一步。同時，不分性別與階級的平民化教育也在這時期大力擴展，接受教育的年輕女性大幅增長。

在五〇年代台灣，女人的洋裝還是個需要量身訂做的時代，名牌的世界甚爲遙遠，而成衣也大半侷限在儉樸的學生與員工制服那個範圍。此外，光復之後布店與裁縫店是分工的，已沒有像以前日吉屋那樣從賣布到做衣服從頭到尾全包的洋裝店了。就是說，台灣婦女服裝需求的滿足，需要從逛布店開始，而最終完成於一位特別託付、有名有姓的裁縫師之手，每件都是量身訂做（圖1）。當然，這些洋裝是從最簡單的到最繁複的，最便宜的到最奢華的，所在多有。

配合著這個洋裝量身訂做的需求，市面上的布料供應也頗充足。到了一九五〇年代末期，大街上林立的布店提供大量花樣精美的各種布料，供顧客選擇。我記得小時候經常跟著母親到中正路上的各家布莊，像金象、福人、貴夫人等，每每爲店裡色彩絢爛、花樣繁多的各種布料所著迷。

自前清時期就已是布店集中區的民權老街，在度過戰時經濟體制的困頓之後榮景再現，其中累積的資本遂造就了以紡織業爲基礎而發展開來的台南幫企業集團。這時台南幫侯家與吳家的布行都已恢復營業，並進一步開辦織布廠。作爲戰後台灣經濟發展的初階就是從紡織業開始，政府以進口替代策略鼓勵民間投資生產。一九五三年之後台灣在紡紗織布上基本達到自給自足，並有大批在地企業家投入設廠（圖2）。台南幫在這時又成立了以紡紗爲主的台南紡織公

1：一九五〇年代初，三姑媽（前右一）、四姑媽（後左一）和她們的朋友們，那時台灣女性的每件洋裝多是量身訂做的。

司，完成了由商而工的轉型。沒過幾年台灣的紡織業就已蓬勃發展，開始有能力出口了。（圖3）

除了紡織業興起，市面上布料供應充足外，裁縫工具像縫紉機也大發利市。母親這時都是用兄弟牌縫紉機，總代理就是台南的洪家，母親記得位於赤崁樓往東成功路與忠義路之交。洪家五兄弟後來以一九七〇年代的觀光產業兄弟大飯店，以及在一九八〇年代成立兄弟象隊，帶頭推動職業棒球聯盟的成立而聞名。而其基礎卻是在一九五〇年代，他們在那時隨著台灣紡織業的興起，從縫紉機器的普遍需求中，累積了足夠的資金來發展其他的企業。

台灣女性的新手藝

起初學生大半都是想學得一技之長的家庭主婦，和期望增加身價的待嫁少女；後來增設夜間班，大量湧進許多職業婦女，如老師、銀行或公司職員等，反映著光復初期台灣女性就業人口的大幅增長，在就業之餘還要學習打扮自己。

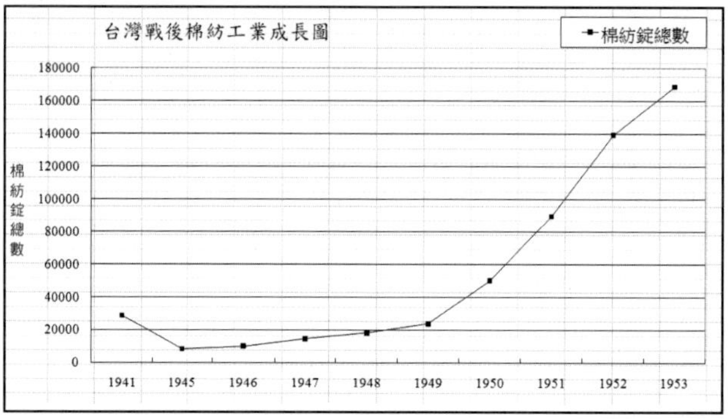

2

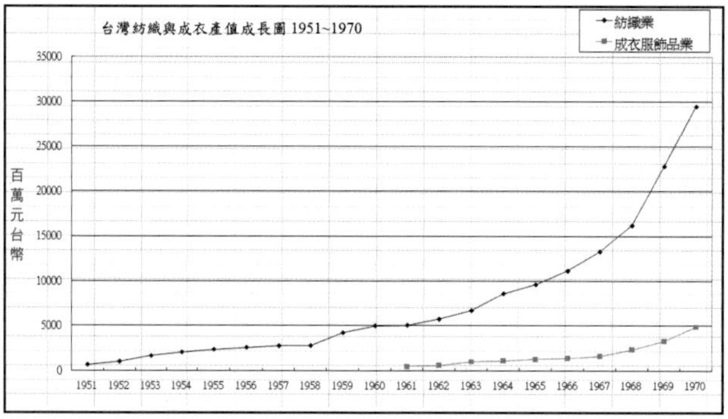

3

2：台灣戰後初期棉紡工業成長圖。一九四一年作為軍需工業從日本搬來一些全為日資的紡紗廠，在戰時毀掉大半，戰後一九五〇年棉紡錠數目超過了戰前水平，並在進口替代政策下開始急速成長。（資料來源：瞿宛文〈重看台灣棉紡織業早期的發展〉，《新史學》19（1）, 2008/3，作者自製圖表）

3：從一九五一年到一九七〇年台灣紡織與成衣產值成長圖，可以看出紡織產品的快速成長，而成衣是在一九六〇年代才開始發展。（資料來源：經濟部統計處，《台灣工業生產統計月報》，作者自製圖表）

母親在一九五三這一年開辦東洋縫紉補習班，從在宿舍草創，接著被迫遷移，到覓得新居開張而終能有個穩定的據點，她當然沒能料到台灣的內外環境會有這麼大的變化，只是一心希望能夠發揮所長，脫離困頓處境。當這年七月市政府的核准公文批下來時，她那三個月一期的學生已進入第二期了。九月開始的新學期必須重新起算，並且依照規定的詞彙稱為第一屆，這立案後的第一屆學生在雙十節隔天，就隨著我們家遷移到樣仔林/昇平里的新教室來上課了。

縫紉補習班在樣仔林落腳之初，學生都還靠口耳相傳而來。有了這個名正言順的地點，母親也開始請人各處去張貼招生廣告，並在廣告單上忠義路一巷的正式地址之下，特別標明是在中正路的功學社旁邊巷內，功學社在這時已是個顯著地標。同時母親的教學特別仔細認真，從如何縫好一顆鈕釦的基礎縫紉法開始，總是要每個學生真正學到技術，也隨時研發新的教學法，於是幾屆下來慕名而來的漸漸多了起來。

這時學生大半都是城裡想學得一技之長的家庭主婦和待嫁少女。少女學得洋裁在待嫁身分上是個不小的加分，而家庭主婦學得洋裁則可為家人縫製簡單衣服，省下不少裁縫費用，而其中學得好的甚至可以成為獨立自主的裁縫師。

最起碼每個學生一個學期下來，從選布、製圖到縫製完成，也同時為自己或家人裁製了幾件新衣。從那時起，母親開始將技術好的學生留下來當助教，後來又升為老師。她們往往長期跟著母親邊教邊學，隨著縫紉補習班規模的擴大，老師的人數也維持在七、八個左右。這些年輕老師往往就是我童年歲月的小阿姨和大姊姊。

一開始母親只開設白天班，而晚上也休息不了，因為還有顧客的洋裝要做。但很快就出現了學生要晚上上課的需求，母親當然順勢而為，在開辦隔年夏季就增加了夜間班（圖4）。這些來上夜間班的學生主要是白天要上班的職業婦女，譬如學校老師、銀行員、公司職員等。從一開始夜間班的學生就不少，反映著光復初期台灣女性就業人口的大幅增長，她們在就業之餘還要學習打扮自己。隨著經濟的發展與職業婦女的增加，夜間班的學生更形踴躍，成為縫紉補習班的重要班級，需要較多的老師與助教來輔助教學，這種盛況一直維持了二三十年而不墜。我還記得在每次招生時，母親常常要對向隅的晚到者說「真失禮，滿員了」。

不管她們是為專業發展，為家庭副業，還是為待嫁娘身價而來，裁縫於是

4：一九五四年的一班夜間部畢業生合影，夜間部此後成了母親縫紉補習班的主力，很多職業婦女利用晚上來學裁縫技藝。

5：一九五六年母親與學生合照，可以看出當時流行的敞領，也有中國元素的領子。

成了五〇年代以降台灣女性自我發展的一項重要技藝，不少富貴人家的主婦也會來學。傳統的女紅到了這時，重新以洋裁的形式被台灣的現代女性所掌握。這張在一九五六年補習班日間部學生的畢業照裡（圖6），他們以孔子廟旁的武德殿爲背景，都穿上她們親手裁製、各色樣式的漂亮衣裳，在半個世紀後的今天看起來還是十分多采多姿。

母親在縫紉教學上的成功並非偶然，在一九五三年補習班開辦之初的課程上曾洋洋灑灑列出了各種樣式的服裝，因此以前辦家家酒式的那一套全不管用，必須從頭來過。她回憶說，於是她對每種式樣就在黑板上製圖，先對助教講解一遍並作筆記，如此找出優缺點進行修正後，再用於對學生的正式教學上。而即使在正式的施教上，也有很多優缺點隨時回饋出來，可說是邊教邊學，邊學邊教。母親回憶起補習班開辦之初的這種教學相長的日子，還覺得回味無窮。

6：一九五六年的第十二屆日間部學生，大半還是台南城裡的年輕女子，穿上當時的時尚衣裝。背景是孔子廟旁的武德殿。

第一波榮景

母親回憶說，那個時候大家都很打拚，
連台南有名的郭婦產科的先生娘都來學洋裁，還親手為家中兒女裁製衣服。
台南幫吳修齊的家人及他公司的女性員工也來學過。

可以說，由於光復後台灣女性大量接受基礎教育，並參與到工作行列，她們的自我要求因而大幅提升，打扮自己的標準也就相對提高。於是台灣女性自我發展的要求、市面上豐富多樣的布料，以及服裝必須量身訂做等這些條件，遂造就了縫紉補習班在光復之後的榮景。

洋裁教室在日據時期的一九三〇年代就開始發展，但那時規模都還很小，譬如原來在日吉屋工作的高師傅曾出來開了一家洋裁研究所，母親還曾去上過課。而母親從日本回來之後也開過一家瑞惠洋裁研究所，但招收的學生人數有限。那時想以洋裁爲一技之長的大半先從當洋裁店的學徒開始，像三姑媽跟著母親多年那樣，是還蠻傳統的師徒方式。

光復幾年之後，當台灣經濟開始復甦，一些原有的洋裁研究所與洋裝店也重新開張。其中像歌手文夏的母親在民權路上經營的文化洋裝店，這時擴大成爲「文化縫紉補習班」，另一家在大西門外水仙宮旁的老店鶯鶯洋裁研究所也更新爲「鶯鶯縫紉補習班」。母親的東洋縫紉補習班則在一九五三年加入了台南城裡這幾家老招牌的行列。稍後又有一家「清美」成立。這幾家台南老牌的縫紉補習班，就在一九五〇年代開始的台灣經濟轉型與發展中，一起走過此後四十年的台灣女性學習自己做衣服的鬧熱與興衰歲月。

在那熱潮初起的五〇年代，隨著縫紉教學環境的漸上軌道，母親很快發覺三個月一期總共半年的學程太短，教不完應有的課程。於是聯合其他幾家共同向主管單位提議，延長爲一期四個月，總共八個月的學程。母親的補習班遂於一九五六年三月第十一屆開始改爲四個月一期。往後幾年，她們幾個班主任還提議將「速成」與「研究」的班別名稱改爲較爲貼切的「初級」與「高級」之名。

這時台南的這幾家老牌的縫紉補習班是由文化的班主任當頭。母親回憶說，文夏的母親豪爽大方，是她們的大姊頭，大家叫她王老師，公共的事務都由她出面交涉，帶頭推動。這時文夏才剛出道，開始展開璀璨的歌唱生涯，王老師很引以爲豪，屢屢在她們同業班主任的聚會場合向大家推薦。

東洋縫紉補習班遷到檨仔林一、二年內，我們兄弟倆先後上了幼稚園，稍解母親的後顧之憂。在幼稚園的遊藝會上，我們整班小孩子上台表演的服裝，母親都義不容辭接了下來，負責設計裁製。我已不記得遊藝會的節目表演什麼，卻還清楚記得一次是穿著有圓球尾巴的白色兔子裝上台，另一次大家則穿上淡咖啡色的猴子裝，後面還拖著一根長長的尾巴。

那幾年市政府社會課的一位股長對推廣服裝設計很熱心，開始籌辦年度服裝展覽。那時既沒夏姿、林臣英等服裝設計名牌，也沒有大專院校的服裝設計科系，都會女性服裝設計的中心大半在縫紉補習班，只能由她們主導。於是台南城裡的各個縫紉補習班傾巢而出，將自家設計出的最時尚、新穎、美麗的女裝，拿出來爭奇鬥豔。

第一次舉辦的一九五六那年我還沒上小學，只記得全家人爲此忙得人仰馬翻，幫傭的阿菜也穿得漂漂亮亮上場幫忙，我跟著興奮不已。會場的布置包括各種招貼、名條與說明都由寫得一手好字的父親包辦，他只能利用週末回家時製作。母親回憶說，市府首次辦展覽的準備時間甚爲匆促，求好心切的她動員全班設計縫製，在短時間內推出因應各種場合與年齡的多種款式，直到當天早上開幕前才完全就緒。這張照片（圖7）正是設在孔子廟旁忠義國校教室的展覽會場布置完成後，母親一夥人終於可以鬆一口氣，在會場一角坐下來的合照。

母親回憶說，那個時候大家都很打拚，連台南有名的郭婦產科的先生娘都來學洋裁，而且還親手爲家中兒女裁製衣服。台南幫吳修齊的家人及他公司的女性員工也來學過。在神社/忠烈祠旁友愛街上劉外科的先生娘，出身殷實商家，畢業於東京的文化服裝學院，出嫁前也曾爲了補貼家用，在家雇裁縫工接洋裝生意。

母親在這幾年從早到晚拚命工作，在教學與兼顧兩個小孩之餘，當然也繼續接洋裝來做。回到台南後這幾年，很多以前找她做洋裝的老顧客以及眾多親友也都因她手藝高明，又善於因人身材相貌氣質，提供選樣與穿著的意見，而不絕如縷。我在尚未上學的年紀，經常在那兼工作間的小客廳裡，看著這些女性長輩進進出出，看到她們總是帶著愉悅企盼的神情，期待著母親能爲她們打點出最佳的外在。而爲著她們的試裝，我則屢屢被趕出門外。很多親友老顧客的新衣裳一直是非得找她不行的，甚至有時候她還得親赴一些特別的顧客家裡。母親回憶說她也去過吳修齊家，爲吳夫人與女兒們量身裁衣。

7：一九五六年母親的縫紉補習班參加台南的一次服裝展覽會，她與老師助教們合影。這是市政府社會課的一位科長熱心推動的，是那時台南女子感知洋裝時尚的場合。

8：一九五七年初在補習班門口的一張畢業照，母親這時一邊主持洋裁教學，一邊還幫人做洋裝，累得罹患胃下垂毛病。

如此拚了幾年下來她就累垮了，得了胃下垂之症。（圖8）我記得她利用教學空檔躺著休息時，肚子上就頂著一個鑵子，裡頭據說燒著一些藥草，煙霧從蓋子上的小洞飄了出來。醫生的診斷是她心神過度操勞，於是她決定此後將只專心經營補習班，不再接衣服來做。至於親友與老顧客的需求，她將只提供選樣與設計上的建議，而實際裁製則交由班上老師接手。如此不再親自幫人做衣服，竟也讓她恢復了健康，而更能專心在洋裁教學上的發展。

母親回憶說，幫人做衣服壓力甚大。由於她手藝精湛，而吸引很多顧客，其中有不少挑剔的貴婦人。她只能利用教學之間的空檔來做衣服，當實在忙不過來時，就開始將顧客的衣服在裁剪之後交由助教來縫製。而助教的手藝往往不如，結果就引來比較挑剔的客人不滿了。母親求好的個性甚難承擔這種結果，於是當她專注在洋裁教學而不再幫人做衣服之後，頓時覺得舒暢「氣活」（khui^{2}-uah^{8}）許多。她回憶說，當老師認真教學所得的回饋令人感覺好多了，即使學生良莠不齊，她都覺得因盡了力而心安。

大約在這個時候，父親又要從嘉義被調到花蓮還是澎湖去了。父親與母親商量，覺得留在台銀已非長久之計，決定辭職回到台南另尋出路。那是一九五九年我讀小二的時候，父親終於回到了台南，並到第五信用合作社去當副理。那時五信的經理劉子祥，出身台南基督教長老教會的重要家族劉家，是劉瑞山的三子。五信的理事長楊元翰則是我的四舅公。如此父親又在漂泊多年之後終於再次回到家鄉，並且回到一個屬於自己的家屋安頓下來。這時母親的縫紉補習班更見蓬勃（圖9&圖10），尤其是夏天入夜之後，屋前擠滿了夜間班學生的腳踏車。

在這段期間，母親為了應付絡繹不絕慕名而來的學生，已將老屋中開間的那個小臥室改造成半樓，來擴大實習空間，但每次招生時仍舊會有不少向隅者。於是母親決定在原址上面重蓋樓房，將一樓的三十坪空間全部作為教室，而讓我們一家人住到樓上去。

父母找來建築師，完成一個三層洋樓的設計，原來的三開間格局不變，但是把大門移到北邊開間，不再面對三叉巷，樓梯就放在這北開間的中間偏後位置。如此一樓不只有個南開間的大製圖教室與中開間的大實習教室，大門所在的北開間也多出了裁剪縫製的地方，這樣的格局在那時對母親而言已是足夠。二樓是我們全家的居住空間，三房兩廳以及分開的衛浴，類似後來的公寓格局。至此

9：一九五七年六月補習班的學生首次移師忠烈祠神殿前拍攝畢業照，此後幾年的畢業合照都在忠烈祠拍攝。這時我尚未上小學，記得為看熱鬧，跟著學生們拿竹凳子穿過老巷來到這裡。

10：一九五八年夏天，縫紉補習班在忠烈祠神殿前的畢業照，母親（二排中）左右幾個是老師與助教，是伴我童年成長的大姊如黃郁媛、林美虹。美慕里位於中正路巷口，一直是補習班的專用照相館。

父母、我們兄弟倆以及祖母總算都各有房間，而無須擠在通鋪了。三樓則只蓋了北開間的部分，以樓梯分成前後兩個房間，較小的後房間還做成總鋪。這是個居家環境的大躍進，從一個全家人擠在一間客廳兼臥室大通鋪的灰瓦舊平房，變成一棟三樓的鋼筋水泥台灣式洋房，客廳、餐廳與臥房全部變大了。

母親打拚幾年下來存了些錢，她回憶說那幾年我們全家省吃儉用，就讓我們平常也穿學生制服，不再做什麼新衣服。我還記得總是在接哥哥穿過的舊衣穿，有一件從他那兒接過來的毛衣越穿越小，都蓋不住肚子了，因爲我人正在長大中（圖11）。然而蓋這棟新房子總共需要三十萬元，在一九五、六〇年代之交還是筆不小的數目。如此，依靠幾年下來的積蓄，再另外起了會，又去標到幾個現成的會，也湊足了大概的數目就決定鳩工改建了。這時一般人去銀行借錢還是件麻煩事，即使父親就在金融機構做事。另一方面又因母親已有了事業基礎，自己起會或去標別人的會也就無礙了。

新居在一九六〇年初開工，這年四月就竣工了。在這期間，母親的補習班連同我們全家，暫時搬到父親一位中學同窗在永福路上的一棟停工的肥皂工場去。我大舅（母親施家大堂哥）介紹了一位叫松師（ching^{7}-sai^{1}）的年輕塗水

11：打拚年月，一九五九年小二的我（上圖）穿著哥哥在一九五四年之前就在穿的舊毛衣（下圖中），已蓋不住手腕與肚子了。

師傅來承包整個工程，他並親自來幫忙監工。剛出道的松師作工極爲認眞仔細，砂石水泥的混合絕不含糊，磚牆的堆疊也塊塊齊整，尤其牆面的收工更見用心。在客廳方形的水泥天花板四圍，他用鵝黃色石膏塗抹出一圈波浪狀浮雕，在將近五十年後的今天看來，雖不再光澤如昔，但仍見其生動氣韻。這棟房子近五十年來雖歷經局部改造，但大結構仍儼然屹立，不輸中正路大街上日據時期興建而至今仍健在的那兩排大樓。

這一年我讀小學三年級，正從懵懂到自覺的年齡。在這段因舊屋改建而搬到永福路肥皀工場去的日子，我還經常回到樣仔林玩耍，有一次匆忙吃過晚飯趕回來看廟埕的野台歌仔戲，爲戲所迷竟然不覺已是夜深，直到傭人阿雲老遠來叫我回家睡覺。新居建成之後，原來跟了我們幾年，基本上是替代母親在照顧我們兩個小孩的阿雲，並沒跟著我們回來，而回關廟老家去了，讓我感到極爲失落。雖然請了新傭人，卻不適合母親的需求，很快又換了一個。於是在搬入新居後，新家與新傭人突然間讓我有了長大的自覺，感覺到周遭人事景物的不斷變動。

開始翻新的老民居

都市進入了改造期，原是土路的小巷弄全鋪上了柏油，新樓房也一棟棟地蓋了起來。我們那三叉巷口北側的老平房也改建為精緻的紅磚小樓房，然後是這裡一棟、那裡一棟地改建，未曾稍歇。

母親補習班新樓的修建，在樣仔林老聚落裡確實象徵著環境的一大變化。在這片老民居中，我們是前幾家改建新房的。位於這三叉巷口南側我們斜對面的製鞋師傅李先生他家算是首開風氣之先，比我們早上半年就先將原來的土角厝老屋改建爲二層鋼筋水泥樓房。就在我們家改建之前，李先生的建築工地遂成了我首次觀察到的戰後第一代鋼筋水泥民居的整個修建過程。從打地基、挖小地下室（作爲那年代躲空襲的防空洞）、疊磚牆、綁鋼筋、釘模版、灌漿，如此一層層蓋上去。他那時的財力只能蓋二層樓，但預留了能往上加蓋的鋼筋基礎，後來他的子女也就在這基礎上往上加蓋了。

李先生新居的整個改建過程令我著迷，而更令我驚奇的是，在搭起的鷹架間上上下下的，竟有不少全身包裹的女工，即使是在出太陽的大熱天中。她們穿著花布衣服，在戴上斗笠之前，先用花布巾將整個頭包裹得只剩一張臉，有的甚至只露出兩隻眼睛。在長袖上衣的手臂處還覆蓋著一塊延伸到手背上的護臂，只露出五根指頭。上半身如此緊密包裹，下半身更不用說了。她們是來自農村的建築女工，在各處建築工地擔任塗水師傅的助手。她們上下鷹架，挑磚擔泥，攪拌混凝土，矯健的身影自不在話下。直到後來我有機會到農村去，才知道她們只是將在農田裡勞動時的穿著，帶到都市的工地來，而為的還是那台灣女性對美白的要求。隨著台灣經濟的發展，農家女孩若家有餘裕的，會來到都市學裁縫，而家裡還需要補貼的，則在農閒時來到都市建築工地打工，直到加工出口業興起後，又成群走向了工廠。

隨著對面製鞋師傅李先生家蓋起了二層樓，我們家也蓋了三層樓。爬到屋頂四處張望，除了北邊被中正路那排日據時期蓋的銀座大樓擋住外，在周遭一片低矮老屋之中可說視野遼闊，還可看到忠烈祠那片蓊鬱的樹林，眞有高人一等的感覺（圖12）。然而這樣的感覺並沒能維持太久，隨著台灣經濟進入一九六〇年代的發展期，都市也進入了改造期，不僅樣仔林原是土路的小巷弄全鋪上了柏油，新樓房也一棟一棟地蓋了起來。那個善化醫生家蓋起了四層樓，接著我

12：一九六〇年代之初，祖母在樣仔林新居三樓留影，這時周遭樓房不多，四面看到的多是平房老屋頂，更可遠眺神社／忠烈祠的那片樹林。之後樓房一一蓋起，直到淹沒了所有天際線，而那片樹林也變成水泥公園。

13：樣仔林巷弄今貌，分別是從我家往南、往西和往北的巷道。柏油路面已換成地磚，房舍幾乎全部改建過。

們那三叉巷口北側的老平房也改建爲精緻的紅磚小樓房，然後是這裡一棟、那裡一棟地改建，直到進入一九七〇年代中期我出國時，一直都有建築工事在進行，未曾稍歇。到了一九八〇年代末我回到台南時，這個檨仔林民居雖還是巷弄交錯，但已是景物全非。我們家的這棟三層樓房已被櫛比鱗次的更高樓房連成一片，毫不突出了。

我們家與對面李師傅在一九六〇年先後改建樓房，確是這老區翻新的起始。巷道雖然依舊狹窄，人物活動卻大量增長，廟會遊行也多起來了，我還記得新屋落成不久，就迎來鄭成功開台三百年紀念的盛大迎媽祖遊行，隊伍擠在這些小巷弄裡簇擁著神轎蜿蜒而行。補習班的生意也更好了，學生進進出出，她們的腳踏車經常占掉大半路面，卻是無可如何之事。還好這些巷弄大半的臨街巷口或拐彎處，常是小到連小發財車也進不來，那時摩托車也少，學生的這些腳踏車也就不曾眞正構成交通阻礙。至今在外頭大街的一片汽車喧囂聲中，這些狹窄的老巷弄倒是保留了一絲安寧。

第六章

摩登時代（1960~1974）

絡繹於途的農村少女

陸續湧進母親班上的外地住宿學生們，北自雲林，南到屏東，也有六堆客家庄來的，涵蓋整個嘉南高屏地區。她們成天唧唧喳喳，交換著異地鄉間的各種腔調。在學得裁縫技藝後，她們或者還得回家繼續下田，或者有了另一番前景。

檨仔林的老巷弄如今保留著一片安寧，不過在一九六〇年代母親的縫紉補習班卻很熱鬧，新樓建成後學生陸續湧來，而其中外縣市來的更有顯著的增加。這些外地生從五〇年代末期就開始出現，她們先是個別一二個，然後是三四個甚至更多結伴而來，母親只能設法將她們安置在附近有空房間出租的鄰居家裡。她們的出現反映著台灣農村的巨大變化。

母親讓她們可以選擇上下午都上課的方式，設法將初級與高級班的課程讓她們在四個月內修完，以節省時間與花費，就像她年輕時在日本的東京洋裁學院全天修課那樣。母親回憶說，這些住宿生資質程度差別不小，有些人駕輕就熟可以同時上初級班與高級班的課。有些完全沒基礎的則只好先全天上初級班，譬如上午學製圖，下午上實習課，如此磨練一陣後才轉入高級班。無論如何，都必須根據每位學生的程度來安排個別的課程組合。這樣的安排就成了此後三、四十年外地住宿生的上課模式。

新樓落成後，母親原來將一樓北邊開間樓梯後的那小臥房，安排給外地學生住宿，但很快就不夠用了，於是乾脆將這小房間擴充爲實習空間，另將三樓的前後兩個房間全部改爲學生宿舍（圖1），並在大露台上搭蓋了浴廁。這是在新居建成後一二年內的事，我們兄弟很快失去了三樓的玩耍空間，然而我那時也已進入初中聯考的備戰期，無暇貪玩了。

三樓的空間以大通鋪的方式可以容納十來個學生，多出的還是得塞到鄰居家裡。這些外地生大半是三、四個結伴一起來，北自雲林，南到屏東，也有六堆客家庄來的，涵蓋整個嘉南高屏地區。這些住宿生天天上下於一樓教室和三樓宿舍之間，與我們共用一個樓梯，成天唧唧喳喳，讓我聽到不少異地鄉間的各種腔調。

在我尚未上小學還在老屋的時期，家裡就曾住進一位來自澎湖和藹可親的阿姊，相對於台南城裡人講的「漳泉混」口音，她說話可是帶著濃濃澎湖腔調，讓我覺得很好玩。她還用帶著澎湖口音的閩南語，教過我一首押韻童歌，

1：一九六〇年代開始，不少外縣市以及農村年輕女子來學洋裁。補習班新居於一九六〇年四月落成不久，母親即將三樓整個騰出作為學生宿舍。圖為一九六〇年十月廿五日母親與住宿的外地生在三樓陽台合影。

歌詞全部以食物及其口味組成，我至今仍能背誦。如此來自南台灣各地學生的各種口音，就交會在母親的補習班裡，讓我印象深刻。

然而在六〇年代初有一天，我在樓梯間卻聽到了一種不曾聽過的語言，幾個年輕女子在上下樓梯時，竟然講著既非閩南語也非國語這兩種我聽得懂的語言。母親說她們是來自屏東的客家女孩（圖2），在全說閩南語境的台南城裡，這是我第一次遇見操不同漢語的台灣客家人。然而幾年後我的一位跟著母親教洋裁的堂姊，也嫁給了客家人。

母親回憶說，這些來自南部農村的女孩，在家大半都得下田工作，尤其是客家庄來的。這些農村女孩在學得裁縫技藝後，或者還得回家繼續下田，或者有了另一番前景。她還記得其中一位出身農家的客家女子，雖然曾經下田勞動，卻有著美白的皮膚，讓她十分驚奇。她也記得有位農家來的女孩，抱怨說拿針線比拿鋤頭辛苦。

來自屏東的客家女子來台南學洋裁，當然必得聽懂母親的閩南語。母親沒上過傳統漢文學堂，一開始只能用平常的生活閩南語，夾雜洋裁領域的日文術語，如此混合著使用來教學，這麼一個方式對於五〇年代的學生也應付得過

2：一九六二年十二月，母親與屏東客家庄來的學生合影。六〇年代學生來自四面八方，補習班裡充滿著各種鄉音，除了閩南語裡不同的城鄉與漳泉方音外，還有客家話，以及外省主婦的國語和她們不輪轉的閩南語。

去。而後閩南語術語漸漸取代日語，譬如補習班正式名稱裡「縫紉」一詞的閩南讀音以及招生時分發給學生的「簡章」，大家也都能琅琅上口，還有不少日文術語詞彙也改用閩南語來發音，譬如製圖時的「原型」，試穿用的「人形」等，而閩南語發音的「旗袍」一詞也取代了老詞彙「長衫」了。

台南是個語言較爲保守的地方，當台灣歷經日本五十年的統治，很多日語成了尋常台灣人的日常詞彙時，台南人在若有漢字詞彙可用的情況下大半都還是使用閩南語，譬如番茄就叫「柑仔蜜」，而不用日語「トマト」（Tomato譯音），縫紉機就叫「裁縫車」，而不用日語的「ミシン」（Machine譯音）。大半的縫紉工具名稱也都有相應的閩南詞彙，譬如原來使用日語「ケース」（Case 譯音）就有了「梭子殼」的叫法，如此母親的洋裁教學術語就在這樣的語言環境下漸漸回歸閩南語音了。

在這麼一個基本上使用閩南語來教洋裁的環境，來自屏東的客家女孩大半聽得懂母親講的台南腔閩南語。與此同時也出現一些外省女子來學洋裁，都是家庭主婦，她們卻比較辛苦了，還好年輕的老師與助教都已接受過國語教育，可以和她們溝通，同時教材也都是中文字，她們邊聽邊學也就應付過去了。母

3：一九六〇、七〇年代母親與學生及老師合影，母親平日就需要盛裝面對學生。

親記得其中一位外省學生後來高興地回來向母親報告，她們家人穿的旗袍都由她自己一手包辦裁製了，那個時代去旗袍師傅那裡量身訂做可是所費不貲。

成衣出口帶來的再次榮景

成衣產業出現，尤其六〇年代末外銷成衣的大幅增長，竟造就了縫紉補習班的再次榮景。進入七〇年代，很多台灣女性為了能夠進入成衣業而來學洋裁，母親的補習班遂又應接不暇了。

母親的縫紉補習班從一開始，不管在地還是外地，基本上都是女生。在她四十年的洋裁教學生涯裡，男學生可說絕無僅有，每一屆頂多一二個，有些學期則一個也沒有。男生開始出現在六〇年代之初，雖然造成萬紅叢中一點綠的現象，母親還是照收不誤。她回憶說，會來學的男性都是年輕人，與新興的成衣加工業有關，他們將洋裁當成一種專業技術學得很認眞。否則處在眾多女生之中作爲同學，對那年代的台灣男性壓力可是不小。

台灣的成衣產業在六〇年代興起之後，成衣加工廠必須聘請服裝設計師，雖然大半是女性，但也成了有些男生可以期望的專業，他們有些人會想從基礎縫紉學起，全面掌握裁縫手藝，有些則只想學習成衣設計。也有成衣廠老闆想懂得洋裁基本技藝，以便能掌握那一行業的技術面，他們或者自己來學，或者派夫人來。母親的學生畢業後，在裁縫技藝上遇到難題，往往會回來求助，母親也會熱心幫忙解決問題。她回憶說，有一位成衣廠老闆陪著曾是母親學生的夫人回來，當母親在幫他們說明解決之道時，老闆聽懂了而他夫人卻還一知半解。母親心想當初這位老闆若能自己來學，可能還省事一點。

因此洋裁這行業在台南，從老師到學生就基本屬於女性，母親只記得台南只有一家補習班有男老師，據說只能教爲設計成衣而開的製圖課，那也是七〇年代之後的事了。她回憶說，有一天她正爲新學期開班上課，突然走進幾位男士站在教室後面，一位學生轉頭看到了就說「那不是某某補習班的老師嗎？」那幾位男士聽了轉身就走，留下一陣錯愕的目光。那家補習班才開辦不久，母親猜想他們大概也是慕名而來，想知道母親的補習班爲何吸引了那麼多學生。

4：一九六〇年十月第二十四屆的一班畢業生合照，這時補習班的新樓落成才半年，已開始湧來不少外地學生。

台灣的成衣業在其初起的六〇年代，剛開始還有不少手工業式的家庭工場，與縫紉補習班是相輔相成的。母親有位學生李太太在大家都還不習慣買成衣來穿的年代之初，曾經自己設計了幾套時裝，雇用裁縫女工縫製成不同尺寸的成衣，再繡上她所擅長的各種花邊，如此一次製作數十套。母親回憶說李太太膽子很大，她自己帶著做好的衣服去高雄，找到戰後南台灣的第一家百貨公司「大新百貨」，向他們的經理毛遂自薦，竟然成功地將她所設計裁製的這些時裝擺上了大新的展示櫃，而且利潤豐厚。此後她就以家庭工場的生產方式，固定地供應大新百貨她所設計的各種成衣，直到後來企業化經營的大型成衣公司進入這領域。然而這時她也已累積了一筆小財，在台南老家蓋了樓房。

李太太早年來學洋裁時，她的小女兒還經常跟在身邊，她認眞地上製圖課，女兒則乖乖待在身旁。後來她卻因夫妻齟齬而負氣離家，母親同情她的遭遇遂收容了她，讓她隨我們吃住，她也邊學洋裁邊幫母親做些雜務，而她女兒則只得回到父親那邊。長得肥胖的李太太多愁善感，住在我家時常爲其身世落淚。有次我跟著她與傭人阿雲去看一場家庭悲喜劇的日本片，她幾乎從頭到尾哭得稀里嘩啦，讓少年的我覺得很尷尬。而她的家庭與事業也如同一部悲喜

5：一九六一年六月第二十六屆的畢業合照，學生組成已是多元，老少城鄉皆有，服飾仍舊有著五〇年代的風格。

劇，後來母親把她勸回去與丈夫重圓，不僅再生了一個男孩，還發展出前面提到的成衣事業。

如此，由於出現了成衣產業，尤其是外銷成衣在六〇年代末期開始的大幅增長，竟又造就了縫紉補習班的再次榮景。進入七〇年代，很多台灣女性爲了能夠進入成衣業而來學洋裁，母親的補習班在這成衣業初起的階段遂又應接不暇了。

於是在遷入新居之後的六〇年代，先是大量出現來自南北城鄉、操著不同語音的學生，而夜間班繼續經常滿員，接著又有初起的成衣業帶來的大批學生，母親的縫紉補習班房舍又遇到了瓶頸。

早在六〇年代中期，北鄰隔壁木屐工場與鐘錶店兩戶人家的張姓房東，想要賣掉合起來有上百坪的那塊土地。那時我們改建新居時的負債都已還清，母親遂抓住機會買下其中緊鄰我們約三十坪大小的那一塊。地主要價一坪六千元，總價約十八萬元。張姓家族從清代起就在樣仔林一帶擁有不少土地。乙未那年，他們張家老宅還曾被帶領日軍進攻台南城的北白川宮能久親王進駐過。後來在市區改正計畫下，他們的土地也曾被台南州廳徵收掉一大半，包括用來

6：一九六七年十月第四十五屆學生畢業合照，六〇年代的時尚風潮已經展開，迷你裙開始出現。

紀念戰死台南的能久親王的台南神社的部分土地。

母親向張家買下這塊緊鄰的土地後，另再花費二萬元在這塊地上修建了有四個房間而廚房衛浴俱全的平房，作爲學生宿舍，如此可以收容的住宿生增加到三十多個。於是在隔壁新宿舍完工，住宿生全部遷到那裡之後，我們兄弟倆和祖母就搬上了三樓，分占前後大小房間，而二樓原來我們的臥室成了母親的工作室，祖母原先住的臥室則讓給傭人與外地來的助教。

在跟著母親學習裁縫的助教當中，我記得其中一位來自嘉義北港的女生，高中畢業，在我們家同吃同住有大半年之久。母親回憶說她自願無償當助教，有若以前的學徒，爲的是想學得裁縫技藝與教學方式。後來她回到北港結了婚，並且開了一家縫紉補習班。這樣的例子不少，而更多的是回到家鄉後開起裁縫店來。這時已接近七〇年代，母親的學生也開始在南台灣各地開枝散葉，離她在五〇年代初創業才十幾二十年的時間。

就在縫紉這行業進入高峰期的一九七四年，母親又積攢了足夠的錢，將隔壁平房的學生宿舍改建爲三樓洋房，作爲我們的新住家。母親爲了這新居，還花了很大功夫參與設計，照她理想的方式安排內部格局。而原來的這棟三層樓

7：一九六八年二月第四十六屆學生畢業合照，長髮與尖頭鞋約略可見。坐在母親旁邊的是擔任老師多年的文里堂姊（左四）與蔡連合女士（左五）。

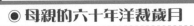

房就整個作爲縫紉補習班的教室與宿舍，如此不僅擴充了教室空間，可以爲成衣業加開設計班，還能維持原有的宿舍規模。蓋這棟新樓房大約花費一百五十萬元，大小與舊樓差不多，花費則有五倍之多，反映出一九六〇年到一九七四年物價與幣值的變化。

我於隔年出國時，母親正全心忙著縫紉補習班的擴充。這時我們全家已經搬到隔壁的新樓房，新居空間大，我們兄弟倆一個在外地做事，一個即將出國，祖母也於前幾年過世，父母用不了那麼大地方，於是三樓就給兩對年輕夫妻住，一是文里堂姊夫婦，一是新婚的淑珍表妹夫婦，她們都跟了母親多年，在補習班當縫紉老師。而舊房子除了一樓繼續是教室外，二樓有一半闢成新教室，包括成衣設計班，而另一半則作爲學生宿舍。當然三樓又恢復到十多年前的宿舍狀態了。

這是母親縫紉事業全盛時期的開始，台灣不僅未受到七〇年代初全球石油危機與經濟不景氣太大的影響，而且還正在開啓另一番新事業——電子與資訊產業，而紡織業與成衣業則正走上高峰。

時代變遷下的女性自我發展

年輕的一代醞釀著社會下一波變化。
而母親則從學生人數的成長、學生來源的重組、流行服飾的變化，
以及令她完全不解的兒子的叛逆行徑，感知時代的變遷。
而她對這時代留下的最深刻印象，卻是樂觀進取與打拚的精神。

母親的洋裁事業從一九五〇年代到一九七〇年代，這二十多年間歷經如此巨大的成長與變化，是她年輕時所未曾也不敢想像的。這段期間台灣政局基本穩定，人口增長，產業興旺，城鄉變貌，進入一個持續不斷的經濟成長期。而我們這個台灣的戰後新生代不僅在居家環境上，親歷到物質條件的時代變化，譬如樣仔林這種老社區的翻新，在心智成長上也歷經其間最震撼的六〇年代全球性青年運動的風潮，接受著各種新興思潮、文學、電影、音樂與服飾的衝擊。

這段發展的歲月，也即是我從入學識字到上大學的人格成長期。這期間，我一邊看著母親事業的擴展，一邊也看到樣仔林這個老社區的變化。一九六〇年我們老家蓋起新樓房時，周遭還是一片老舊平房。而後隨著補習班學生的一

8：一九六九年二月第四十九屆的一班畢業合照，坐在母親旁邊（右四）的是多年擔任老師直到九〇年代的蔡雪女士。

再增加，周圍的老平房也一棟一棟地改建成樓房，建築工事此起彼落，幾乎沒有一刻停止，直到我在一九七五年出國時還在繼續。那是戰後台灣經濟的第一波成長期，很具體地呈現在城市裡老民居的改建洋樓上面。我們這老社區裡的老師傅、老工匠、公教人員、小商人、小作坊，以及小企業主，在開始累積一點財富之後，第一件事就是爲家裡購置電冰箱，以汰換掉那種放冰塊的老式冰箱。再來就是新流行的電視機與電唱機，而更重要的即是改建家屋，蓋起鋼筋水泥樓房。

至於中正路巷口出去，銀座段的那兩排日據時代住商合一建築，當年就建得很牢固，雖遭二戰美軍的一再轟炸並沒造成太大的毀壞，如今也就不可能大規模改建，除非整排拆掉重蓋。然而在它背後的老民居不斷翻新的同時，這些臨街商家還是由內而外一點一滴地對這排大樓進行改造，於是建物立面從六〇年代開始就一家一家地在進行修飾，原來一整排的黃褐色牆面，以及整齊一致的陽台圍欄與牆頭裝飾，幾十年下來，如今已是各搞各的各顯特色，完全看不出原來是個一體的建物。

樣仔林的媽祖廟朝興宮在這翻新改建浪潮中，也未能原封不動。寺廟的社區大老們終於在七〇年代末期決定將之改建爲三層樓房，廟宇本身建在三樓，還是傳統閩南廟宇形式，而一二層則作爲民房分割出租，以增加寺廟收入。如此當然原來的廟埕與大榕樹也從此不見了。

於是在這段期間，我一邊看著母親洋裁事業的成長，以及樣仔林老社區裡裡外外的翻新，也一邊親身經歷過一番台灣六〇年代人文思想的啓蒙與發展。從雷震的《自由中國》、殷海光的自由主義、李敖的個性解放、陳映眞的悲憫胸懷與社會意識，一直到保衛釣魚台運動的反帝意識與左翼思潮，成了我們這一代有著敏感心思的文藝青年的心路歷程。我從原先可以是一位積極上進的未來工程師或醫生，轉而追尋歷史的意義、哲學的探索與社會的眞相，甚至進而摸索著實現理想政治的可能道路。

年輕的一代就這樣在這段期間醞釀著台灣社會下一波的變化，而母親則從她學生人數的不斷成長、學生來源的重組、流行服飾如迷你裙、喇叭褲與披肩長髮的變化，以及令她完全不解的兒子的叛逆行徑，來感知這個時代的變遷。然而她對這時代留下的最深刻印象，卻是樂觀進取與打拚精神，以及女性自我發展在新時代的可能與限制。

9：一九六九年六月第五十屆的一班畢業合照，學生來自各個族群，迷你裙方興未艾，旗袍尚未退流行，但都還保持著盛裝之體面。

母親年輕時爲了學洋裁，必須費盡心思說服家族長輩，才得以出外到洋裝店工作。而今卻有大批的年輕女性把縫紉補習班的教室擠得爆滿，而其中很多學生就是爲了學得一技之長以便能自立。而夜間班的開辦並經常滿額的情況，更顯示了五〇年代以降，大批台灣女性加入工作行列，白天上班而晚上進修的需求。她們或者是公教人員、銀行員、會計以及其他專業從事者，來學習一項業餘手藝，或者是一般店員與作業員，來學習一項能有較好出路的技術。傳統家族觀念對台灣女性自我成長的束縛，在政治與經濟的雙重變動下頓然鬆綁了。

白天來上課的原本都是城裡或近郊的女性，包括家庭主婦、學校剛畢業的、工作一段時間後想另外再學手藝的，以及只是爲了增加待嫁新娘身價的。然而進入六〇年代，竟湧來了大批北自雲林，南到屏東整個南台灣地區農業地帶的年輕女性，成爲白天學生的主力。這些女生在家鄉不少都還必須下田工作，學得裁縫技術後，雖然只是多了一項現代女紅手藝，卻有不少就在她們家鄉街上開起裁縫鋪，幫鄉人做衣服，甚至也有開班授徒的。從這些農村女子來到城市學洋裁的現象，可以管窺到五〇年代以來台灣農村的巨大變貌，以及農村女性尋找新出路之一斑。在接著進入七〇年代的同時，又出現了大批爲了加

10：一九七三年六月第六十二屆的學生畢業合照。經過六〇年代的風潮，學生的表情從較為嚴肅到輕鬆笑容顯示著社會的逐漸開放，而從長裙到迷你裙，從尖頭高跟鞋到厚底涼鞋也顯示時尚的變化。學洋裁的動機則從待嫁娘的必備手藝到成衣廠裁縫師／設計師，顯示著台灣經濟的變化。

入新興的成衣加工業而來的學生，遂將母親的洋裁事業以及女性的出路，一起與台灣的產業發展掛了鉤。

因此在二十世紀五〇年代以降的這二、三十年間，不少台灣女性在各種條件的配合下，爭相學得裁縫手藝爲自己縫製多采多姿、花樣萬千的衣裳，應是充滿了這個時代女性自我發展的意義的。服飾不只作爲一技之長與一種用以自立的專業，還是一個自我表現的媒介。從到布店挑選布料開始，再到裁縫師那裡瀏覽服裝雜誌研究式樣，最後量身訂做與試穿，或者就親手實作來完成。這整個確是一個費工夫的過程，大不同於如今逛百貨公司隨興而買的行爲。

第七章

走過高峰（1974~1994）

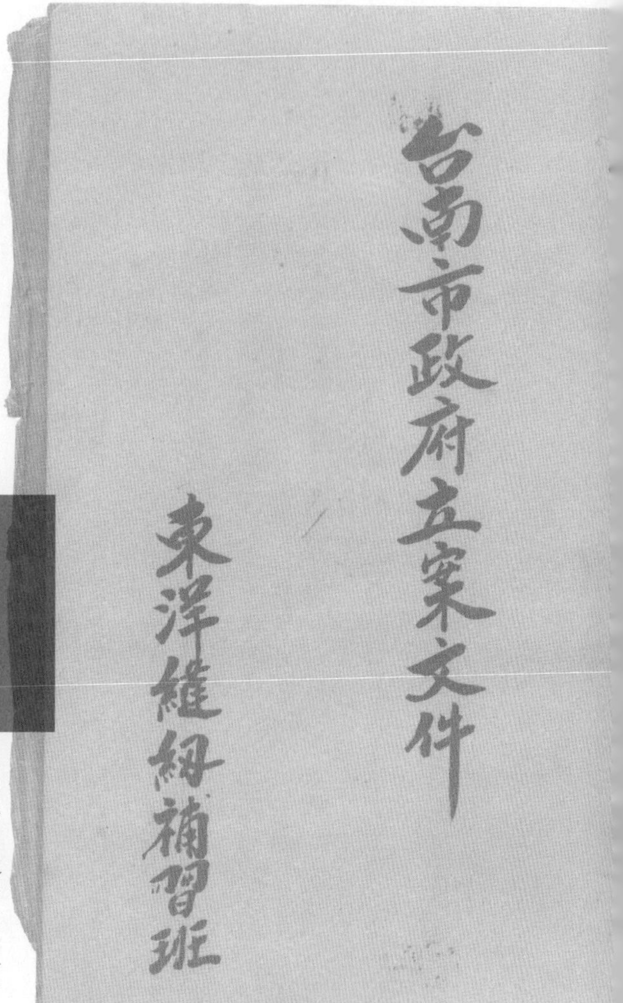

經濟成長下的時代變化

一九七〇年代開始興旺的成衣產業，增加了為學習成衣設計而來的學生，為縫紉補習班造就再一波的榮景，卻也同時改變了台灣女性的穿衣治裝模式。

台灣女性自己購買布料來量身訂做時裝，可以說是一九五〇年代以降的時代特徵，也是母親的縫紉補習班能有所發展的時代條件。而雖然一九七〇年代開始興旺的成衣產業增加了爲學習成衣設計而來的學生，爲縫紉補習班造就再一波的榮景，卻也同時改變了台灣女性的穿衣治裝模式。學生的組成與需求在這二、三十年間隨著時代的發展起了很大的變化，在不少農村女性來到這裡學裁縫的同時，卻有更多的農村年輕女性來到都市打工。她們來到都會區，不只是在建築工地挑磚搬瓦當塗水師傅的助手，還大批湧入工廠當作業員，尤其是加工出口區的外銷工廠。（圖1）

這個在一九七〇年代迅速成長的成衣加工業，需要不少成衣的設計與打版人才，於是開始有不少學生爲了去成衣廠當設計師而來學習，而其中有的畢業

1：一九六六年第四十一屆的一批與補習班老師合影的外縣市學生，其中不少來自農村。她們先是只為學得一技之長，後來又為了加入成衣加工出口產業。

生更進一步創業開設成衣廠，同時不少已經創業者也來學習掌握服裝設計技術。在這段成衣外銷的熱潮中，有想投資成衣產業者曾不只一次來邀請母親共同創業，她最後還是覺得自己不宜從商，決定留在較為單純而為她所熱愛的教學環境裡。

然而母親還是必須面對成衣業因成長而衍生的需求。成衣的設計與一般量身訂做衣服的作法不完全相同，她因此開始研究成衣設計的特點，讓跟她多年的淑珍表妹去學習成衣的設計打版，隨後並在高級班加入成衣設計的課程。後來在進入一九七〇年代開始的成衣外銷高潮中，更在高級班之外加開了設計班，專門教授成衣的設計與打版。這可說是縫紉補習班的時代高峰了，而我們家於一九七四年在隔壁蓋了新居，而將舊樓整個空出作為洋裁教室與學生宿舍，正好滿足這一波新的需求。（圖2）

台灣的縫紉補習班在一九七〇年代之後，因應著新出現的成衣產業盛況，可說是戰後第二個高峰期。而這時正是台灣內外在政治與經濟環境急速變化的年代，一九七一年初爆發海內外保衛釣魚台運動，同年十月中華民國退出聯合國，隔年春天美國總統尼克森訪問北京，台灣那時的關鍵詞是「風雨飄

2：一九七〇年代初，為了因應成衣廠的需求，淑珍表妹（右一）去學習成衣打版設計，母親接著更增設了高級設計班。

搖、處變不驚」。一九七三年的第一次全球能源危機，以及隨之而來的通貨膨脹與經濟不景氣也強烈影響到台灣，是戰後新生代第一次經驗到物價上漲的景況，然而台灣也安然度過了。

台灣於一九七〇年代跨入電子產業，作爲當時產業研發龍頭的工業技術研究院在一九七三年成立，並於一九七六年成功引進半導體製程技術。同時施振榮、曹興誠、林百里、溫世仁等台灣戰後培養的本土工程師，也正在新起的電子公司摸索，三愛、宏碁、仁寶、英業達、聯華等這些名字接著一一出現。在進入一九八〇年代的前後幾年，台灣內部的政治動亂也沒影響到它的經濟發展。宏碁的第一台個人電腦「小教授一號」發表於一九八一年，台灣隨著正式跨入了資訊產業。

紡織業與成衣加工業的發展更是如火如荼，其中成衣外銷到這時已成長到極大的規模，在一九七五年曾占出口總值十七％之多，整個紡織與成衣業相關產品的輸出更高達二十八％。此後成衣外銷所占出口比例雖然開始下滑，但其總值還是一路飆升，從一九七〇年代初的不到十億美元，成長到一九八七年的最高峰四十四億美元。我們羈留美國的一九七〇、八〇年代，在百貨店裡就看到很多Made in Taiwan的成衣，包括一些不錯的美國品牌。這時美國已全是成衣的世界，而台灣在地的成衣市場才剛起步。

母親的縫紉補習班事業，處在一九七〇年代以降這十多年間台灣的所有這些內外環境的變動之中，可以說不只沒有受到負面影響，甚至是因而更加興旺了。這是台南城裡老牌縫紉補習班的共同景象。（圖3）

洋裁手藝的歷史命運

時代的風光已過。至此，曾經在過去五、六十年間，教導過多少南台灣女子裁製洋裝的這些老台南的縫紉補習班，終於劃下了時代的句點。如今所剩幾家已是風華不再。

台灣的成衣外銷在一九七〇年代的大幅成長，爲母親開闢了一批新的學生，造就了縫紉補習班的再一次盛況。然而這也是台灣女性治裝模式的時代轉捩點，台灣的工資隨著這一次能源危機帶來的通貨膨脹而大幅成長，而遠較量

3：一九七五年成衣外銷熱潮中的第六十八屆縫紉補習班畢業生，母親繼續留在洋裁教學領域，開拓了為成衣加工廠所需的設計班。這時迷你裙開始退燒，黑框眼鏡還在流行，迷膝裙與厚底鞋則開始熱起來了。時代之變也顯示在照相館開始採用西元紀年以及由左向右的中文橫排。

身訂做便宜的女性成衣也開始大量出現在新興的百貨公司裡。母親的縫紉補習班的高峰，於是就處在台灣女性為自己裝扮時，從量身訂做到購買成衣的轉變之中。這時農村少女還是繼續前來學習裁縫，都會中產職業婦女也繼續利用晚上來進修這項手藝，又有不少學生是為了能去成衣加工廠當設計師而來，但同時有不少女性開始購買成衣來穿了。成立於一九六〇年代台灣大專院校的一些服裝設計科系，像實踐家專，到了這時也培養出了一些正式教育體制打造的服裝設計人才，台灣的女性成衣開始加上了高級時尚的意味。

學習裁縫手藝的這個盛況一直延續到一九八〇年代，然而這卻也是縫紉這行業變化與轉折的年代。首先是受過更好教育的新生代職業女性，已經不再將裁縫當成一項必要的女紅手藝，漸漸不再利用晚上下班時間來學洋裁了。接著工業先進國的女性購買現成衣服的治裝模式，也終於傳到了工資大幅上漲的台灣，女性於是不再量身訂做時裝，她們如今可以很方便地在新興的大百貨公司買到各色各樣，充斥在展示櫃裡的成衣，而品牌也開始流行。

與此同時，作為這個年代縫紉補習班學生重要來源的成衣加工業，也進入了它的最高峰期。台灣的成衣加工業在一九八七年達於鼎盛，出口總值有四十四億美元之多，所占出口總值比例雖然不再如一九七〇年代達到的十七％之高，也有八・三％。但是台灣的產業結構在二十世紀末期的全球性產業重新配置中，來了一次重組。成衣業在走過一九八〇年代的高峰後走上了下坡路，很多加工廠開始外移，先是東南亞，再來是中國大陸，以便取得較有競爭力的工資優勢。一九九四年的成衣出口值已從最高峰掉了將近一半，並只占出口總值的二・七％。此後更是一路下滑，不僅不再是台灣的重要出口產業，到了廿一世紀更萎縮到一％以下的零頭，在二〇〇七年才占〇・二九％，而出口值也只有七億美元。（圖4）

母親回憶說，縫紉補習班的蕭條情況來得很快，學生人數突然一下子銳減，盛況不再，就發生在一九九〇年前後。這正是台灣在一九八七年解嚴之後政治與社會運動洶湧而來，而成衣加工業卻由盛而衰，成衣廠開始大批外移之時。然而，如今是全球最大的晶圓代工廠台積電，和占有全球電腦主機板三分之一產量的華碩電腦都在這時成立，台積電成立於一九八七年，華碩則成立於一九八九年，象徵著電子與資訊產業的進一步發展，以及台灣新一波的經濟轉型。產業結構的轉變奪走了縫紉補習班的最後一批學生，在一九六〇、七〇年

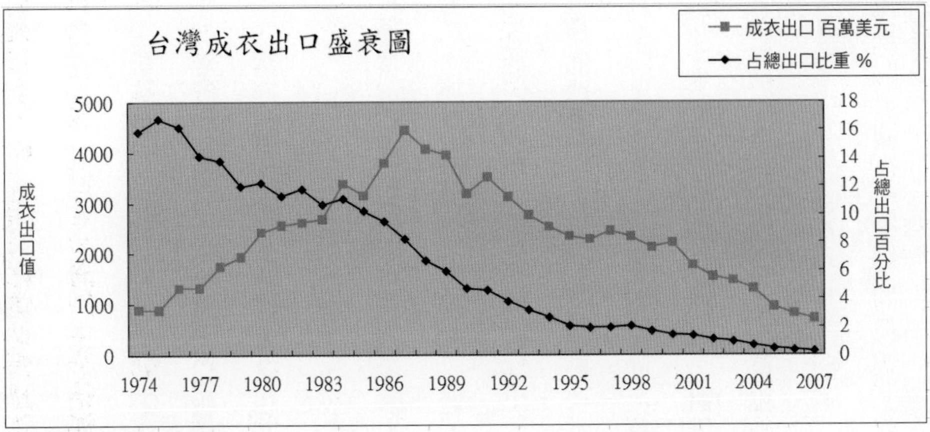

4：台灣成衣出口高峰期，在一九七四年占總出口比例十七%，在一九八七年總值達到四十四億美元。（作者自製圖表）

代風光一時的洋裁事業遂走入了尾聲。

母親於是在一九九四年三月，第一二五屆開班時退休。這時她雖退休，並沒立即將補習班結束，仍然在做最後努力。她個人雖不再親自教學，但希望跟在身邊多年的老師能夠撐下去，原先設想是從這屆起由她們負責，而母親與她們三七拆帳。然而前景依舊不看好，遂在這一屆結束的六月底將補習班整個收了起來。

母親將補習班結束，固然有著她年齡的因素，以及兩個媳婦也都各有其他專業無能繼承。而且因爲時代的風光已過，跟母親多年的中壯輩老師們也沒人願意承接。她們有的跟著退休，有的回家成立自己的工作坊幫人量身訂做服裝，專長於成衣設計的淑珍就到成衣廠去當設計師了。母親這一年七十七歲，距一九五三年春天她在台銀宿舍開班授徒算起，傳授洋裁技藝足足有四十一年時光。距一九三〇年代她少女時期因照顧雜貨店時被包裝紙上的洋裝圖片所吸引，而開始自行摸索洋裁技藝的日子算起，雙手實踐裁縫技藝也有一甲子的歲月了。（圖5&6）

這時母親的老同行，文夏的母親，文化縫紉補習班的王老師，這位在

5：一九八〇年代末期的一張學生畢業照。這時已不作興找來攝影師，一群人正襟危坐拍照；為了要熱鬧一番，大家以在教室聚餐的方式來慶祝畢業；傻瓜相機也很普遍了，故有此快照。

6：在一九九〇年六月的一次學生畢業聚餐上，母親與甥女淑珍接受獻花。淑珍表妹從七〇年代來母親這裡學洋裁開始，並當起助教與老師直到補習班於一九九四年結束，有二十多年時光。

一九四〇年曾經想請母親去她店裡當裁縫師的台南洋裁界元老，已經過世。另一家老招牌的鶯鶯縫紉補習班也是一樣的景況，都無後輩來繼承洋裁事業。而後起的清美縫紉補習班則由兒子媳婦繼承，在一九九〇年初重新申請文理補習班執照，轉而經營升學補習事業了。至此，曾經在過去五、六十年間，教導過多少南台灣女子裁製洋裝的這些老台南的縫紉補習班，終於劃下了時代的句點。如今所剩幾家已是風華不再。

工字無捅頭

傳統手工藝在現代工商業的發展下確實難以存活。

然而「工」字若可出個頭，再頭重腳輕地伸出上橫，就有了「士」的可能意涵，

就是掌握了轉型變身的知識而非手藝。

母親的六十年洋裁歲月，從一九三〇年代到一九九〇年代，可以說正好與台灣現代女性的服飾一起成長與蛻變。裁縫作爲一種技藝，在一九三〇年代之

前還是屬於傳統的女紅——每個女性都必須具備的手藝，卻在現代化的風潮下蛻變成可以作爲女性自立的一種專業。這個裁縫專業也曾經在光復之後一九五〇年代開始的經濟發展中，幫助許多台灣女性走上了自我發展之路，讓母親的縫紉補習班必須不斷地擴充。然而也是在時代的進一步變化下，裁縫這種技藝不再是台灣女性的偏愛，而退爲諸多專業選擇的其中之一而已，以至於縫紉補習班的事業風光不再。

對此母親深有感慨，她引用小時候聽到老一輩的話，感嘆說「工字無捅頭」（kang^{7}-li^{7} bo^{7}-tong^{1}-tau^{5}），工字沒出頭，就像中間那條直筆被上面的橫筆蓋住那樣，做工是出不了頭的。這個工字在她心目中，指的是像裁縫這種傳統工藝，傳統工藝的衰退是整個時代變化的結果。曾在一九五〇、六〇年代的樣仔林老巷弄裡，手工縫製運動跑鞋的李老先生早已過世，蔣師傅的手工老式冰箱早已從市面上消失無蹤，而那家竹器工坊也早已遷走。所幸的是阿全的碗粿作坊存活下來，還是繼續用老陶碗裝盛米漿作料來蒸炊，滋味沒什麼改變，稀釋的醬油膏與蒜蓉也是必備佐料，台南的一些老東西竟被保守在她豐富多樣的小吃食品上。然而母親的裁縫這類工藝雖然不至於完全消失，卻已恢復不了它曾經有過的榮景了。

我們家在一九六〇年新居落成時，曾購置了一套淡綠色塑膠皮面的沙發椅，使用了三十多年後來到一九九〇年代，椅子的木作結構本身還很牢靠，只是皮面已老舊，彈簧也有鬆弛的情況。家人聽說台南還有一位老師傅會幫老沙發椅換皮面並進行整修，就請他來看看。這位老師傅來到家裡看到這套老沙發椅，一見如故，認出這竟是三十年前他親手做的椅子。他幫自己做的家具重整與換裝當然是毫無問題的，就載去換了彈簧並換上一層嶄新的米色皮面，讓它看起來就像新的一樣。這位一生製作堅固耐用的家具，而且在三十年後還能認出自己作品的老師傅，如今也如同樣仔林的各個老藝人那樣退休凋零，在年輕一輩中是再也找不到這樣的人了。

傳統手工藝在現代工商業的發展下確實難以存活，然而也有轉型變身而以另一種面貌出現的情況。「工」字若可出個頭，再頭重腳輕地伸出上横，就有了「士」的可能意涵，就是掌握了知識而非手藝。譬如在服裝界，東方女性靈巧的雙手原來是用在刺繡、女紅與洋裁的技藝上面。如今教育普及，女性的靈巧雙手大量轉爲用來執筆操盤，從簿記、祕書到創作書寫，甚至到了今天電腦與網路的時代，用來敲打鍵盤，即時回應，速度遠勝男性。所有這些都是台灣女性從工到士的變化，這也是母親因自己教育程度不高，而一再喟嘆自謙的時代背景。如今在服裝界能夠出人頭地的服裝設計師已是一種新型態的「士」了，而不再是傳統手工藝師傅，他們無須具備深厚精巧的裁縫手藝，卻必須掌握全球時尚的千變萬化與術語詞彙，並懂得為自己的設計講出一套說法，他們掌握了知識語言的工具，也就有了搞言說論述的知識分子的身分了。如此他們也就不會再有母親那個「工字無捅頭」的時代之嘆。

準備好的美麗句點

> 退休後，母親甚少添置新裝，總是將幾套舊衣服換著穿。
> 但就算穿得素淨淡雅，也是會維持一個起碼的體面；
> 臨到重大場合時，更會像她同時代人那樣，盛裝出場了。

母親退休後一直閒不下來，她先是繼續照顧臥病在床的父親，而在一九九六年父親過世之後，她每天的活動也都排得滿滿的。她與我兄嫂同住在老家，雖然家事已有兒媳承擔，還是不時會要在這方面忙東忙西。每天的主要活動，除了清晨固定走到孔子廟去散步或做外丹功外，還參加老年長青班的各種課程包括台灣文學班，以及各種佛教團體的讀經班，學得津津有味，也專注虔誠。似乎是在彌補她幾十年來忙著教學付出，而沒有空閒學習其他新知的遺憾。在這些幾乎天天出門的場合，她也都要穿得適合其所；清晨走到孔子廟運動，即使穿得素淨淡雅，也是會維持一個起碼的體面。到長青班和佛經班上課，她都會穿得正式，尤其在重大場合如結業禮時，更會像她同時代人那樣盛裝出場了。（圖7&8）

母親在退休之後甚少添置新裝，她還是屬於節儉的老一代人，尤其覺得不再有收入，更是不願花錢，就將幾套舊衣服換著穿，平常在家也會穿起像馬球衫那類休閒成衣。我們覺得過意不去，會幫她買些現成新衣。然而這也是件不容易的事，因為我們這代人在穿著品味上確實是大不如母親那代人的，總是擔心買到的不符她的意。母親又是極為客氣而講究禮數的人，每次總是叨念著她人老了，不穿漂亮衣服了，不用再為她花錢。

7：年屆九十的母親仍然像七十年前少女時代那樣經常來到孔子廟徜徉，左圖攝於一九三〇年代，右圖是二〇〇四年她和同齡且一起當洋裁學徒的燦花阿姨在孔子廟相聚話舊。

8：二○○○年母親（中排左一）參加台南的一個老年長青班的結業典禮，詩人葉笛（後排右二）教授台灣文學。

母親對服飾的美感已是數十年來培養成的直覺，雖然眼力大不如前，美的東西還是能立即吸引住她的目光。我們帶著在台北買的衣飾回台南探望，從她當下的反應即可知道是否買對了。對於沒能看上眼的，她一貫嘮叨我們如何又破費了，然而只要我們買對了，她是立即眼睛一亮的。我們曾在台北的亞細亞佳買過一條黑色pashmina羊毛披肩送她，上面鑲著一圈印度手工的金絲花邊刺繡，她二話不說就收了，有幾條YSL絲巾也獲得另眼看待。於是我們大膽地試著買夏姿的衣服，竟也有得到認可的。對於本土的名牌服裝，她不僅看其整體設計與布料質地，還內外整個翻過一遍，注意其明鈕暗釦、縫線車工與內裡細節。母親一直覺得現在會設計的人多不重手藝，對於台灣這些新起的品牌，總覺得手工還是不夠精細。

母親對美感的要求在她九十之齡不曾稍減，雖然這時因體力關係而較少出門了。在這幾年每次我們回台南探視的日子，中午會全家出去用餐，這是讓她免於坐困家裡的愉快出遊。她每次都會換上不同的套裝（圖9），這時她最擔心而屢屢發問的是，她是否穿得太年輕了，她並不想越老穿得越花俏。雖然都是舊衣，但維持一個外出時的體面仍是必要的，而在這樣的高齡同時也是一種內

9：年屆九十高齡的母親每次出門用餐都會盛裝以赴。

化了的生命之愉悅。她珍惜著生命的每一刻，而努力地面對風燭殘年，她一生的裁縫生涯即使在退休之後也還要認眞以待。爲此她還早早就爲自己準備好一件前襟鑲著蕾絲的寶藍色長袍，作爲最後的一套盛裝。並屢屢叮嚀我們兄弟，她爲生命的美麗句點所做的這項準備。

後記：母親最後的盛裝

本書寫成後，在付梓前的二〇〇九年七月底，母親在睡夢中走完了一生。我從母親的衣櫃中找出她早就準備好的那個大盒子，裡面放著她自己最後要穿的衣服。除了那件她自己設計縫製的寶藍色長袍外，下邊還堆疊著整整齊齊的內衣、襯衫與長褲。最上面則放著一件黑色海青，這是她的居士袍，因爲她在多年前就已在台南的般若精舍皈依了。正如母親的習性，她把每件衣服都摺得整整齊齊，依次放在盒子裡，最上面是海青袍，打開來看一目了然。母親長年來爲自己準備了這一整套最後要穿的衣裳，除了一再交代兒子媳婦外，每年還會拿出來曝曬整理一番。她始終堅持著到了生命的最後還得維持整潔與體面。

除了這套最後的衣裝外，母親也在多年前就爲自己準備好一張相片，拿去加大、裱框，又是一再交代，最後就是要用這張裱好框的相片。

當這天來到時，我們依母親生前交代，拿出這盒準備好的整套衣裝與這張裱好框的遺像，爲她辦了一場高雅肅穆的告別式，欣慰地爲她的一生劃下一個完整而體面的句點。

這本書也是爲紀念母親而寫。

致謝——

感謝讀過初稿的吾妻宛文、吾兄家宏與兄嫂淑芬。

感謝黃天橫先生提供資料與照片，也感謝陳柔縉女士提供照片並對那個時代服飾細節的指正。

參考書目

一、期刊雜誌

《台灣文學館通訊》第二十期。台南：國家台灣文學館。二〇〇八年八月。

二、展覽專刊與專著

山本三生主編，《日本地理大系 台灣篇》，東京：改造社，一九三〇年五月。
賴志彰，《台灣霧峰林家留真集：近、現代史上的活動（1897-1947）》，台北：自立報系，一九八九年六月。
曾健民，《1945破曉時刻的台灣》，台北：聯經，二〇〇五年八月。
林文龍，《楝花盛開時的回憶：日治時期畢業紀念冊展圖錄》（第三冊：制服篇．修學旅行篇．時局篇．內地進學篇），南投：國史館台灣文獻館，二〇〇五年十二月。
陳柔縉，《囍事台灣》，台北：東觀國際，二〇〇七年一月。
吳密察主編，《「文化協會在台南」展覽專刊》，台南：國立台灣歷史博物館，二〇〇七年十月。
何培齊主編，《日治時期的台南》，台北：國家圖書館，二〇〇七年十二月。
黃武達譯，《日治時期台灣都市發展地圖集》，台北：南天書局，二〇〇六年。

文學叢書 249

母親的六十年洋裁歲月

作　　者　鄭鴻生
總 編 輯　初安民
責任編輯　丁名慶
美術編輯　黃昶憲　林麗華
版型設計　林麗華
圖片提供　鄭鴻生
校　　對　吳美滿　丁名慶　鄭鴻生

發 行 人　張書銘
出　　版　INK印刻文學生活雜誌出版有限公司
台北縣中和市中正路800號13樓之3
電話：02-22281626
傳眞：02-22281598
e-mail：ink.book@msa.hinet.net
網　　址　舒讀網http：//www.sudu.cc
法律顧問　漢廷法律事務所師
劉大正律師
總 代 理　成陽出版股份有限公司
電話：03-2717085（代表號）
傳眞：03-3556521
郵政劃撥　19000691 成陽出版股份有限公司
印　　刷　海王印刷事業股份有限公司

出版日期　2010年3月 初版
ISBN　978-986-6377-29-7

定　價　290元

國家圖書館出版品預行編目資料

母親的六十年洋裁歲月／鄭鴻生著.
--初版. --台北縣中和市：INK印刻文學，
2010.02　面；　公分.--（文學叢書；249）
ISBN　978-986-6377-29-7（平裝）

855　　98020270